Renta de propiedades y house flipping
2 libros en 1

No necesitas ser millonario para convertirte en millonario. Gana dinero con bienes raíces y vive de tus rentas el resto de tu vida

Genera ingresos pasivos rentando propiedades

Invierte en bienes raíces y vive de tus rentas. Puedes lograrlo sin ahorros y sin experiencia en bienes raíces o reformas house flipping

Table of Contents

INTRODUCCIÓN 7

CAPÍTULO 1 - FUNDAMENTOS DEL CAMBIO DE CASA .. 13
¿Qué significa "Cambiar Casas"? 13
Construya Una Casa Que Cambie La Mentalidad Y Allane El Camino Para El Éxito 17
Los 8 Pasos Para Cambiar Una Casa 22

CAPÍTULO 2 - COMPRENSIÓN DEL MERCADO 31
Cómo Investigar Y Analizar Adecuadamente Su Mercado Inmobiliario Local 31
Siguiendo La Regla Del 70% 38

CAPÍTULO 3 - SIN DINERO, NO HAY PROBLEMA 47
Venta Al Por Mayor: Todo Lo Que Necesita Saber Para Empezar 47
Cómo Obtener Un Préstamo De Dinero En Efectivo 51
Cambiando Casas Sin Dinero, Usando Inversionistas Privados 57

CAPÍTULO 4 - ELECCIÓN DE LA PROPIEDAD ADECUADA 62
Factores Clave Para Elegir El Lugar Adecuado 62
Características A Buscar Y Características A Evitar En La Propiedad 68
Reglas De Oro Para Elegir Una Propiedad 74
Cómo Calcular Su Ganancia Neta 78

CAPÍTULO 5 - TODO SE TRATA DEL VALOR 83
Las 4 Mejores Renovaciones Para Aumentar El Valor......... 83
Atractivo Exterior: Qué Es Y Cómo Hacerlo Bien............... 89
Pequeñas Actualizaciones Para Una Casa Significativamente Más Deseable 92
Mejoras Ecológicas Que Aumentan Instantáneamente El Valor De La Vivienda... 96

CAPÍTULO 6 - HACIÉNDOLO BRILLAR............... 99
Reuniendo Al Equipo De Ensueño De Rehabilitación 99
Cómo Encontrar El Mejor Contratista Para Su Propiedad 105
Haz Que Brille Mientras Minimizas Los Costos.................... 109

CAPÍTULO 7 - CÓMO COMPLETAR EL CAMBIO DE CASA 114
La Ventaja De Vender Su Propiedad Usted Mismo Vs. A Través De Un Agente De Bienes Raíces 114
5 Mejores Estrategias De Marketing Para Bienes Raíces ... 118

CAPÍTULO 8 - MANTENERSE INTELIGENTE 126
Errores Que Hay Que Evitar A Toda Costa Al Cambiar De Casa 126
4 Estrategias De Salida Para Tener Siempre En Cuenta 133

CONCLUSIÓN - LAS LECCIONES APRENDIDAS 139

Introducción

¿Ha alardeado su primo Jerry de cómo convirtió un derribo de 50.000 dólares en una casa de 250.000 dólares? ¿Tiene usted un ojo para las propiedades en decadencia en su viaje al trabajo y piensa para sí mismo "Yo podría arreglar eso y venderlo"? ¿Fantasea con convertir viejas chozas abandonadas en casas habitables y hermosas hasta que se convierta en un millonario de bienes raíces como Donald Trump? Tal vez su pasatiempo es analizar propiedades inmobiliarias en Internet y ha acumulado conocimientos sobre el mercado de bienes raíces en su área, lo suficiente como para estar a punto de entrar en el mundo de las casas. Cambiar ¡Cambiar de casa es la mejor manera de comenzar en bienes raíces Es el arte de identificar el potencial futuro, invertir en él y revenderlo para obtener beneficios!

La persona promedio mira una casa en mal estado y piensa: "Esa casa es fea". Un comprador de la casa mira una casa en mal estado y piensa: "¡Esa casa es mi próximo sueldo!". Una persona que cambia de casa no es diferente a un empresario de Wall Street que invierte en acciones: Identifican una acción con potencial futuro, invierten su capital en ella y la retiran cuando el valor aumenta. La diferencia es que el cambio de casa no requiere suerte y un cambio de casa puede aumentar artificialmente el valor de una propiedad en tan solo unas semanas con las reparaciones y renovaciones adecuadas. Este libro lo preparará para la experiencia de un comprador de la casa mostrándole los grandes secretos y el paso a paso para prepararse para su nueva vida como comprador de la casa. El libro te dará la valentía y ese último "empujón" que necesita si está indeciso acerca de dar la vuelta a la casa. Le dará todos los detalles que necesita para tranquilizarlo y prepararlo para su primer lanzamiento. Estamos aquí para dárselo: El conocimiento interno para todos los niveles de inversión, ya sea que esté empezando en bancarrota o sea millonario, hay inversiones para todos los niveles que se pueden obtener. Le explicaremos en qué propiedades está invirtiendo, para que no pierda su tiempo en propiedades de bajo rendimiento sin potencial. El hecho de que las propiedades sean baratas no significa que le vayan a dar ganancias. No se preocupe, le diremos exactamente dónde buscar: qué estados, la clasificación de los vecindarios, los tipos de propiedades que venden, los permisos de construcción, las leyes de zonificación, las regulaciones, los contratistas y finalmente cómo vender sus propiedades. Cubrimos con gran detalle cómo localizar propiedades raras y valiosas, cómo renovar, cómo contratar a contratistas asequibles, cubrir los honorarios legales y, en última instancia, vender su propiedad por el equivalente a un salario anual.

1# secreto para el cambio de casa

Pero antes de empezar... Aquí hay un secreto que nunca le han contado sobre el cambio de casa:

- ¡No tiene que ser millonario!

Así es, no hace falta ser millonario para entrar por la puerta con un cambio de casa. ¡Solo tienes que ser un millonario! Le enseñamos numerosas formas de adquirir capital para su primera propiedad y cómo presentar su inversión como de "bajo riesgo" a los financistas que financiarán su primera inversión. La clave aquí es que hay inversiones para todos los niveles de ingresos: Si tiene millones para gastar, le enseñaremos cómo conseguir propiedades de alto valor en vecindarios de clase A que puede vender por millones. Si tiene acceso inmediato al capital, puede empezar a invertir sin consultar a ninguna institución financiera.

El valor promedio de una vivienda en los Estados Unidos es actualmente de $230,000. Eso significa que es posible encontrar casas o condominios por menos de $230,000 y en muchos casos por menos de $100,000 que aún son habitables. La hipoteca de una casa de $100,000 puede ser tan baja como $400/mes y el pago inicial promedio es de solo un 20%. Digamos que usted no tiene dinero para invertir, pero quiere entrar en la venta de casas. ¿Qué tan fácil sería para usted acumular $20,000 para un pago inicial, arreglar la casa y darle la vuelta para obtener una ganancia en 6 meses? Como ven, la barrera de entrada es mucho más baja de lo que la gente imagina. Si usted tiene un trabajo de 9 a 5 años y ahorra durante un año, existe una alta probabilidad de que pueda pagar un pago inicial. Una vez que haya vendido con éxito su primera propiedad, puede dejar su trabajo y entrar en el negocio de la venta de casas a tiempo completo, para convertirse en su propio jefe.

Consejo profesional: La propiedad que usted "cambia" no tiene que sobresalir, solo tiene que ser habitable. Animamos a los principiantes a que empiecen por cambiar las casas promedio de la clase trabajadora. Vaya a dar una vuelta en coche por su ciudad y observe las casas durante 30 minutos. ¿Qué es lo que notas? Una casa promedio. Una casa promedio. Una casa promedio. Más del 90% del mercado inmobiliario está compuesto por viviendas medias. ¿Por qué enfocarse en esa casa multimillonaria, cuando el mercado de ingresos medios constituye casi todo el mercado? Echa un vistazo a lo que constituye la mayoría de tu ciudad. Siempre van a ser casas normales. ¡Aquí es donde está el dinero! La gente normal necesita un lugar para vivir - su trabajo es proporcionarles un hogar. Piense: La propiedad del veterano jubilado del otro lado de la calle. Coge la casa de tu amigo de la escuela secundaria y dale la vuelta a eso. Una propiedad no tiene que ser rebajada para ser cambiada, puede ser una casa habitable regular que usted actualiza haciendo pequeñas mejoras.

El enfoque en este libro está en las viviendas en las que residirá la persona promedio y nuestro objetivo es identificar múltiples propiedades "invertibles" hasta que comencemos a ver un ROI consecutivo en nuestras inversiones. Si usted se enfoca en la construcción de casas y la convierte en su negocio #1, está casi garantizado que se convertirá en millonario en el transcurso de su vida. Nos enfocamos en propiedades seguras en áreas de alto crecimiento que se venden rápido. Usted no se hará rico en su primer año, pero inmediatamente ganará suficiente dinero para pagar las cuentas y financiar negocios mucho más grandes. Además, si cambias una casa que es una señal, definitivamente puedes Cambiar otras 10. Una vez que haya cambiado 10 casas, puede Cambiar un vecindario entero. Una vez que usted ha cambiado un vecindario, puede pasar a edificios y propiedades comerciales. Una vez que entras en edificios y propiedades comerciales, ¡el cielo es el límite! Explicamos los métodos de cambio de casa más seguros e idiotas que los principiantes con poco o ningún capital de inversión pueden usar para capitalizar el mercado inmobiliario.

#2 secreto para el cambio de casa

Aquí está el segundo secreto sobre el cambio de casa:

- No es necesario saber "oficios" para arreglar casas!

Si usted piensa que necesita saber de plomería, pintura, alambrado y techado para Cambiar una casa, no podría estar más equivocado. Su trabajo como cambiador de casas es hacer las tareas administrativas: Identificar propiedades con un alto potencial, convencer a los financistas para que aporten el dinero inicial, contratar a contratistas que arreglen la propiedad y, en última instancia, cambien la casa. Usted no necesita saber la primera cosa sobre tejas y/o alfombras persas, usted contrata a gente para que lo haga por usted. En esencia, usted debe ser la persona que "lo une todo". Eres el eslabón perdido entre todos esos contratistas, banqueros y compradores. Su trabajo es garantizar que todos vean un retorno de su inversión, lo que finalmente le proporciona un retorno de su inversión. Su trabajo es persuadir a los inversores, firmar los cheques de los trabajadores manuales y proporcionar a los compradores un espacio habitable adecuado en el que puedan residir. Este libro lo preparará para cada paso del camino.

#3 secreto para el cambio de casa

Aquí está el tercer secreto sobre el cambio de casa:

- El mercado en sí aumentará el valor de su propiedad!

En promedio, la mediana anual del valor de la vivienda en los EE. UU. aumenta en un 3-6%. Ejemplo: Si usted compró una casa por $300,000 en 3 años, valdría entre $330,000 y $360,000. ¡Eso es un aumento de valor de $30,000 a $60,000 sin hacer absolutamente nada! Si te sentaste en ella durante una década, esa misma propiedad valdría por lo menos $400,000. Son 100.000 dólares en el banco, y no olvides que aún eres el dueño. Los compradores de la casa se obsesionan con "arreglar" la casa para solidificar su valor. Tenga en cuenta que las casas habitables siempre aumentarán de valor a medida que la economía suba - uno puede sentarse y no hacer nada y el valor de la propiedad aumentará en tan solo unos pocos años.

¿Cuántas personas conoces que compraron una propiedad por 50.000 dólares en 1980 y que ahora vale 1,5 millones de dólares? El aumento de valor está por las nubes. La única pregunta que queda: ¿Cómo predice qué áreas se van a aburguesar en los próximos 5-10 años? ¿Cómo analiza el tipo de vecindarios en los que vale la pena invertir y que seguirán siendo ricos? En este libro nos centramos en las áreas que se venden inmediatamente y le ayudamos a identificar los mercados más populares en los Estados Unidos. De esta manera su primera propiedad no permanecerá en el mercado por más de una semana - usted tendrá gente llamándole y rogando para darle su dinero.

#4 secreto para el cambio de casa

El cuarto y último secreto del cambio de casa:

- *¡Usted puede cambiar su primera casa en 3 meses!*

El cambio de casa no es un proceso infinito en el que se espera un año antes de poder vender una casa. ¡Usted puede cambiar una casa en tan solo 12 semanas! Todo lo que tienes que hacer es investigar el mercado, comprar una propiedad, arreglarla y venderla. En el libro explicamos cómo hacer cada paso con gran detalle. Muchos de ustedes tendrán diferentes niveles de conocimiento sobre el cambio de casa. Si no tiene idea de lo que significa, preste especial atención en los primeros capítulos. La rapidez y la eficiencia dependerán de su capital: Si usted tiene capital para invertir inmediatamente, puede invertir una casa en tan solo cuatro semanas. Esto se debe a que usted puede financiar la casa y las reparaciones de inmediato, mientras que alguien sin acceso inmediato al capital tendrá que esperar la aprobación y planificar sus inversiones con meses de anticipación. ¡En ambos casos se aplican los mismos principios y métodos enumerados en este libro!

Cómo navegar por este libro

Presentamos los conceptos básicos para principiantes: si no sabe por dónde comenzar, la terminología, qué mentalidad necesita obtener para tener éxito en el cambio de casa, cómo financiar su primera casa y los vecindarios para invertir, concéntrese en los capítulos introductorios. Si usted tiene un nivel más avanzado de conocimiento y desea aprender más acerca de cómo reducir los costos para los contratistas y las casas que se venden en el mercado actual y cómo financiar ofertas más grandes, vaya directamente a los capítulos avanzados.

Capítulo 1 - Fundamentos del cambio de casa

¿Qué significa "Cambiar Casas"?

Está a punto de convertirse en un cambiador de casas - ¡Felicitaciones! Estás a punto de experimentar el glamur del letrero de "Vendido" en tu primera vuelta de casa, y estás a pocos meses de entregar las llaves de tu primera vuelta a tu primer cliente. Estás en un viaje: Usted está a punto de ver sus inversiones materializarse y un cheque grande y gordo para compensarle por todo su arduo trabajo. La clave de la riqueza inmobiliaria y de tomar las decisiones correctas es ser diligente con los detalles. Esto tiene que ver con la compra de su propiedad, los gastos que usted acumula y la puesta en el mercado de su casa. Le enseñaremos paso a paso cómo minimizar sus gastos iniciales en su primera compra, cómo minimizar sus gastos en las actualizaciones y finalmente hacer que el salario promedio de EE. UU. en cada giro. ¡Esta es nuestra meta final para todos los que lean esto!

Un cambio de casa: La definición

Importante: ¡Cambiar de casa no se trata de tomar casas y ponerlas al revés! Se trata de comprar una casa como inversión, mejorarla y venderla para obtener ganancias. Cambiar En ocasiones, la "inversión de la casa" se conoce como "inversión inmobiliaria al por mayor" y es una estrategia de inversión inmobiliaria en la que compra una propiedad con la intención de revenderla en lugar de establecerse usted mismo.

Usted ha visto a muchos millonarios inmobiliarios bien vestidos y exitosos cambiando casas en la televisión y compartiendo su experiencia con el mundo. Usted quiere emularlos y convertirse en una historia de éxito, o tal vez quiera Cambiar una casa para aumentar sus ingresos actuales. Tres son más de 200,000 casas que se compran, arreglan y revenden en los Estados Unidos cada año. Si solo pudieras arreglar 10 casas al año, serías millonario en tan solo unos pocos años. ¿Suena esto como un incentivo? Hay gente en los EE. UU. que actualmente invierte 5 casas nuevas a la semana y las remodela. El "cambio" más difícil suele ser el primer cambio: Usted no sabe qué esperar, cuánto le cobrarán los contratistas, no sabe cómo funcionan los permisos y no sabe cómo comprar/vender una propiedad. No se preocupe, esta guía tiene los detalles esenciales que necesita para darle la confianza necesaria para cada paso. Preste mucha atención ya que esto podría cambiar su vida.

Cómo funciona el Cambio de casa

Para tener éxito en el cambio de casa, normalmente hay dos maneras en las que los inversores suelen obtener beneficios: 1) A partir de la apreciación en un mercado inmobiliario "caliente" o 2) Inversiones de capital en una propiedad que aumentan su valor. La mayoría de los compradores de la casa eligen la segunda y compran una propiedad promedio y la equipan con servicios de última generación como un piso nuevo, pintura, cocina y baño. Si una propiedad cuesta $100,000 y las mejoras cuestan $40,000, el inversionista puede vender fácilmente esa casa por $200,000. La "estrategia" para invertir es idéntica a otros principios de inversión: comprar bajo y vender alto. El tiempo es esencial en el cambio de casa, ya que los costos aumentan cuanto más tiempo tiene que pagar una persona por el seguro y los impuestos a la propiedad aumentan, por lo tanto, el "cambio" promedio toma 6 meses. Los compradores pueden comprar de 5 a 10 nuevas propiedades cada semana.

¡Pero detente! Antes de que le revelemos los secretos de la venta de casas, antes de que le enseñemos las mentalidades que conducen a una venta exitosa, y antes de que le digamos cómo comprar propiedades por debajo del valor de mercado - debemos enseñarle los conceptos básicos de la venta de casas y lo que implican.

Conceptos básicos del cambio de casa: ARV ("Valor después de la reparación")

Consejo profesional: El término más importante en el cambio de casas es "ARV" - "After Repair Value" (Valor después de la reparación). Si planea vender una casa por $250,000, su ARV para esa casa es de $250,000. Una vez que la casa está remodelada, brillante y lista para ser listada en el mercado - este es el ARV (el precio final de venta en el mercado). Recuerde el término ARV, ya que se refiere al valor final de la vivienda una vez que se hayan realizado las reparaciones. La fórmula ARV es fácil de entender: Valor original de la vivienda + gastos de reparación = ARV (después del valor de reparación).

El cambio de casa gira en torno a los ARV, ya que todos los cálculos provienen del valor de la inversión final que el inversor planea invertir en la propiedad. Recuerde lo que significa el acrónimo ARV, ya que lo escuchará muy a menudo en este libro, y entre la multitud que cambia la casa. El ARV determina las reparaciones y mejoras que usted tendrá que hacer a una propiedad antes de estar preparado para ponerla en el mercado. ¿Cuáles son las reglas de los ARV y cómo calcular los gastos?

Principios básicos para cambiar la casa: La regla del 70% de los ARV

La regla del 70% es la regla de oro más famosa en el salto de casa. Esta regla ayuda a calcular los gastos de una casa incluso antes de que usted haga el pago inicial de una propiedad. La regla del 70% ordena que un comprador no debe pagar más del 70% del ARV total (después del valor de reparación) menos los costos de reparación involucrados.

Esto le da libertad de acción a una persona para que obtenga por lo menos un 30% de ganancia en cada venta. En algunos casos el beneficio puede llegar a ser de hasta un 40%, sin embargo, como regla general, los inversores se aferran a un 30% seguro. Recuerde que los ARV no son solo los costos iniciales y las reparaciones, sino el valor final de la propiedad.

La regla del 70%:

> → (ARV x 0.70) - Costos de reparación = X (cantidad máxima que usted debe gastar en una propiedad).

Consejo profesional: Tome su calculadora y calcule el primer cambio que va a hacer. Para los ejemplos a continuación, tomaremos dos casas - una con un valor de $200,000 que requiere $40,000 en reparaciones y otra con un valor de $150,000 que requiere $30,000 en reparaciones.

Ejemplo #1: $200,000 x 0.70 - $40,000 = $100,000.

Ejemplo #2: $150,000 x 0.70 - $30,000 = $75,000

En total, el inversionista NO debe exceder el gasto de $100,000 para la adquisición de la primera propiedad a fin de cerrar una venta de $200,000 al final. Para la segunda casa, el inversionista NO debe gastar más de $75,000 en una casa para venderla por $150,000.

La regla del 70% es importante porque cada casa es diferente y requiere un conjunto diferente de reparaciones. Algunas casas podrían valer $200,000 y requerir solo $20,000 en reparaciones, mientras que otras casas del mismo valor requerirían $50,000 en reparaciones. El ARV es el cálculo más importante que usted tendrá que hacer en el cambio de la casa para determinar su rentabilidad al final. La regla del 70% proporciona un "amortiguador" en caso de gastos inesperados en su primera tirada, lo que aumentaría el coste de las reparaciones y le impediría obtener beneficios.

¿Hiciste tu primer cálculo? Felicidades, estás a un 50% del camino de convertirte en un " remodelador de casas"! Ahora que ya sabe cómo calcular sus gastos por adelantado, entraremos en la mentalidad de éxito que necesita para obtener y cubrir cada paso del proceso de inversión en detalle.

Construya Una Casa Que Cambie La Mentalidad Y Allane El Camino Para El Éxito

El cambio de casa requiere cambios mentales que son conducentes a ser efectivo en el negocio en general. Una persona promedio no puede pensar como una persona promedio - una persona debe pensar con 6 meses de anticipación y tener el conocimiento para calibrar los problemas de construcción una vez que surjan. El desafío de dar la vuelta a la casa es prepararse para la línea de meta antes de empezar y aprender a lidiar con los problemas a medida que surgen, sin perder de vista el panorama general. Los principios clave de la inversión de la casa son los siguientes 5 principios: 1) Preparación, 2) eficiencia, 3) decisión, 4) acción y 5) paciencia. La forma en que esos principios se aplican al día a día de la inversión de casa está en las mentalidades que aprenderás a continuación. Estos principios y cambios de mentalidad son conducentes a un comprador de la casa que desea ejecutar su cambio de la manera más eficiente posible:

Los 5 principios más importantes del cambio de casa

1) Preparación

El cambio de casa promedio demora 6 meses desde la compra hasta la venta. En promedio, usted tendrá que pasar un mes investigando una propiedad, reuniendo documentos, contratando abogados, preparando las finanzas y firmando los cheques. Este proceso puede ser largo, especialmente en las compras al por mayor, como las propiedades embargadas. Una vez que haya comprado la propiedad, tendrá que contratar a contratistas individuales para cada paso del camino. Si las habitaciones necesitan pintura, tendrá que buscar contratistas de pintura. Si necesita cambiar los cables, tendrá que contratar electricistas. Todos ellos ofrecen su precio único y usted debe estimar el costo de cada reparación antes de comprar la propiedad. Una vez que esté completamente preparado, puede hacer la compra y empezar a arreglar la propiedad hasta que esté terminada. El trabajo de preparación es el proceso más importante para asegurar que usted obtenga un beneficio al final.

2) Eficiencia

La forma en que usted ejecute cada proceso determinará el precio final de venta de la propiedad. ¿Contrató a contratistas pobres que estropearon los azulejos en el suelo? Esto puede quitarle la impresión que los clientes tienen de la propiedad y bajar el precio de venta. Como desarrollador de propiedades, usted debe cuidar cada detalle y aplicar diligencia para asegurarse de que las pequeñas reparaciones que haga coincidan con el panorama general de la casa.

Ejemplo: Es más seguro pintar cada habitación de un solo color blanco que pintarla individualmente. En áreas que están fuera de su control, como la contratación de contratistas, debe ser eficiente en la elección de los mejores contratistas posibles.

3) Decisión

¡Cambiar de casa no es como en la televisión! El verdadero día a día de los cambios de casa es desordenado. Muchas veces usted se encontrará con problemas que nunca esperó y que pueden aumentar los costos de sus reparaciones.

Ejemplo: puede descubrir molduras en el techo que requieren que cambie todo el techo. Es posible que se enfrente a una infestación de cucarachas en el baño. A pesar del hecho de que usted llevó a cabo una investigación a fondo en el momento de la compra, usted todavía experimentará obstáculos a lo largo del camino. ¡Prepárese para esto siendo decisivo! No se preocupe por las soluciones complejas, sino que concéntrese en la solución más simple que pueda encontrar. En la mayoría de los casos, las soluciones a los grandes problemas son simples. Si el techo necesita ser reemplazado, asigne un porcentaje más alto de su presupuesto en el techo - esto es más esencial que escoger tejas de fantasía para el baño. ¡Realice la llamada!

4) Tomando Acción

Recuerda: ¡La acción cura el miedo! Tomar acción eliminará la paranoia que tiene acerca de que las cosas vayan mal o de que su inversión se vaya por el desagüe. Una vez que esté realmente en el centro de sus reparaciones, comenzará a disfrutar de ellas y encontrará la diversión de dar la vuelta a la casa. Estás creando valor para la sociedad en muchos niveles: Usted está proporcionando liquidez a la gente a la que le compró la casa en primer lugar. Estás dando trabajo a contratistas que alimentan a sus familias con tus reparaciones. Usted está haciendo un servicio a los futuros propietarios de la propiedad al proporcionarles una casa. ¡Recuérdense eso cada vez que duden de sí mismos y vayan a trabajar!

5) Paciencia

La mayoría de las casas se cambian en un plazo de 6 a 12 meses. ¿Quieres hacerlo en 1 mes? Es posible, pero es probable que tenga que trabajar las 24 horas del día y tener conexiones con contratistas que puedan ayudarle inmediatamente. La mayoría de los contratistas de calidad se reservan con meses de anticipación y usted tendrá que ser paciente en términos de permisos legales que pueden tomar semanas o meses dependiendo del estado/municipio. La paciencia es crucial cuando la propiedad es fija también - puede estar en el mercado por más tiempo de lo que usted espera a menos que esté en un mercado "caliente". Sea paciente porque esto no es algo que logrará de la noche a la mañana. Prepárese para al menos medio año en su primer lanzamiento. Una vez que hayas hecho eso, intenta reducir el tiempo de tu próximo giro a la mitad. Aumente la eficiencia gradualmente.

Los 3 mejores cambios de mentalidad para el cambio de casa

Los principios del cambio de casa se aplican a todas las áreas de éxito: también hay cambios mentales específicos que se aplican solo al cambio de casa. Use los cambios mentales a continuación para asegurarse de que termine con éxito en sus esfuerzos por cambiar de casa:

Cambio mental #1: Enfoque en la velocidad

Limite la cantidad de tiempo que le toma completar todas las transacciones: Comprar, arreglar y vender. El cambio de mentalidad clave que debe hacer para centrarse en la velocidad a corto plazo y tener paciencia a largo plazo. ¿Cómo se alinean los dos? Usted debe tener fe en que no importa cuánto tiempo tome el giro, usted será capaz de lograrlo. Sin embargo, usted debe acelerar su día a día con el fin de acelerar el proceso de recaudación de fondos, la contratación de contratistas, la legalización del edificio y la venta de la propiedad fija. Su único enfoque en su día a día debe ser la velocidad en lugar de maximizar los beneficios. Cada día que su propiedad está en el mercado le costará más y por eso acelerar el proceso es crucial. Si usted puede Cambiar toda la propiedad dentro de 1 mes, ¡hágalo! No hay una "regla" que diga que la propiedad tiene que estar en el mercado durante 6 meses. Siempre reduzca el tiempo a la mitad: ¡Si usted piensa que un cambio va a tomar un año, trate de hacerlo en 6 meses!

RECUERDE: Cuanto más tiempo se aferre a una propiedad, más arriesga sus finanzas. Muchas cosas pueden salir mal con la propiedad si la mantiene durante meses: Puede ser robado, destruido en un huracán, la calidad de las reparaciones se deteriora, etc. También hay costes adicionales que debe tener en cuenta antes de la compra: Los servicios públicos, el pago de la hipoteca, los pagos del seguro, los impuestos sobre la propiedad y mucho más. Ejemplo de costes ocultos: El seguro para el cambio de casa costará 2 veces más que el seguro de casa regular porque usted debe comprar un "seguro de vacante" para la casa.

Cambio de mentalidad #2: Lo barato no siempre es rentable

¡No se apresure a comprar una casa! Hay muchas razones por las que una propiedad es barata: puede ser un vecindario vago, sin acceso a la infraestructura, o impuestos atrasados adeudados sobre la propiedad. ¿Recuerda los titulares de las casas que van por $10 o incluso $1 en Detroit? Esas mismas casas pueden tener $10,000 o incluso $20,000 en impuestos atrasados adeudados por los dueños anteriores que no fueron pagados en décadas. El nuevo propietario tendrá que pagar esos impuestos de su bolsillo. Si el vecindario no tiene acceso a buenas escuelas, las familias se mostrarán reacias a comprar su propiedad. Le explicamos cómo cambiar las clasificaciones de los vecindarios e identificamos vecindarios prósperos donde usted puede comprar propiedades a bajo costo.

Cambio mental #3: Sobreestime sus costos iniciales

Las cosas siempre pueden salir mal en un cambio de casa. ¿Cree usted que porque compró en una zona rica su propiedad es segura? Usted podría comprar una casa en un distrito seguro, rico y educado y los contratistas podrían arruinarlo todo. Muchas veces los compradores terminan apenas recuperando su dinero o incluso perdiendo dinero en su primera vez cambiando una casa. Esto se debe a los gastos generales sobre los que no se prepararon por adelantado.

Ejemplo: Digamos que sabes pintar. Necesitas pintar 3 habitaciones en la casa y crees que te llevaría 5 horas pintar cada habitación. Si usted busca contratistas que trabajan por $30/h, eso significaría que le cobrarían $150 por habitación. Sin embargo, muchos de ellos ofertan entre 300 y 500 dólares por habitación. ¿Por qué sucede eso? Puede sobrestimar la rapidez con la que puede pintar cada habitación usted mismo. Los contratistas pueden necesitar más tiempo, o tienen gastos generales, ¡o tal vez incluso son simplemente codiciosos! Siempre espere gastar más de lo que inicialmente calcula o consulta a múltiples contratistas para una oferta hasta que pueda concluir de manera decisiva el costo promedio de cada reparación.

Una vez que haya interiorizado los principios y los cambios de mentalidad mencionados anteriormente, ¡está listo para la guerra de cambiar la casa! ¡Adelante!

Los 8 Pasos Para Cambiar Una Casa

¡Es hora de subirse las mangas y manos a la obra! ¿Emocionado? Pongamos las cosas en marcha. Cambiar la casa no es como en los programas de televisión. Usted no compra una casa por arte de magia, la renueva en un abrir y cerrar de ojos y 50.000 dólares aparecen mágicamente en su cuenta bancaria. Usted debe hacer una investigación de diligencia debida de los vecindarios, financiar la compra, seguir las leyes de zonificación, llevar a cabo renovaciones y, en última instancia, vender la propiedad.

Consejo: Cambiar una casa es "desordenado" en la vida real. Usted nunca venderá una propiedad de la manera que imaginó, y cada propiedad requerirá atención y cuidado individual. Una propiedad puede funcionar sin problemas y rápido, y otra puede convertirse en una pesadilla para renovar. Las siguientes pautas son solo para darle una idea de lo que puede esperar. Además, no hay una manera "definitiva" de dar la vuelta a la casa. ¡Usted mismo debe encontrar su método ideal! Digamos que usted se niega a contratar agentes de bienes raíces y a vender la propiedad usted mismo (para quedarse con su comisión del 5%). ¡No existe una ley escrita que obligue a usar un agente de bienes raíces! También puede negarse a contratar a contratistas y traer a un familiar para que haga las renovaciones usted mismo. Depende de ti descubrir qué es lo que funciona para ti.

Los 6 primeros pasos para Cambiar la casa le ayudarán a entrar en el mundo del cambio de casas. Los pasos que presentamos lo ayudarán a convertirse en un profesional en su primer cambio, evitando los errores que cometen los principiantes. Por ejemplo, muchos principiantes se apresuran a comprar su primera propiedad y no llevan a cabo inspecciones que terminan costando más que sus ganancias. Si usted sigue nuestros pasos, sabrá qué casas comprar y utilizará un inspector que verificará que la casa está en buenas condiciones para las renovaciones. También le enseñamos qué renovaciones debe realizar y cuáles no. Las etapas avanzadas, como el impuesto sobre las ganancias de capital y las leyes de zonificación, se explicarán con más detalle, pero si sigue los 6 pasos, tendrá éxito en su primer giro:

1) Red con expertos en bienes raíces

¿Eres nuevo en el mundo de los cambios de casa? ¡Olvídate de la casa! Olvídate de los bancos y las renovaciones. Empiece por hablar con las personas que viven en su casa en su área. Visite un evento de bienes raíces y establezca contactos con personas que se ganan la vida cambiando casas. Esto será crucial ya que tienen conexiones con todos los contratistas que usted necesitará: electricistas, techadores, plomeros, contratistas generales, pintores, personal de calefacción, ventilación y aire acondicionado, operarios, etc. Eventualmente necesitará la ayuda de algunas de esas personas. En general, se podría buscar "x área + contratista" para encontrar un contratista local, pero si conoces a los compradores de la casa que han utilizado a esos contratistas antes, tu trabajo será mucho más fácil.

Advertencia: Muchas veces un contratista le promete "Lo haremos en 1 semana" y un mes más tarde siguen jugando con la placa de yeso. Necesita ponerse en contacto con contratistas verificados que realicen su trabajo de manera eficiente. La mejor manera de hacer esto es consultar a personas que son como tú, incluso antes de que intente su primer cambio. En la mayoría de los casos, esas personas también tendrán información privilegiada sobre la burocracia y los secretos que solo se descubren después de años en el negocio.

¿Cómo se consigue gente de bienes raíces? ¿No te verán cómo competencia? Te escuchamos, pero la respuesta es simple: paga. Si se pone en contacto con una empresa inmobiliaria establecida (que trabajan en la construcción y contratan a los mismos contratistas), puede ofrecerles pagar $ 1000 para que estén "disponibles" una vez que tenga problemas y necesite acceso a información sobre contratistas Este es un pequeño precio para pagar por el acceso a los mejores contratistas en su área. Les estás haciendo una "oferta que no pueden rechazar" porque saben que tienen que hacer un trabajo mínimo y es más probable que funcione que exigir que sus conexiones sean con las manos vacías.

2) Vecindarios de investigación

Genera ingresos pasivos rentando propiedades

En el sector inmobiliario existen "clases" basadas en el nivel de aburguesamiento de un barrio. Solo hay 4 clases: A, B, C y D. Los barrios de clase A son los barrios de "élite" de una ciudad. Las clases A están pobladas por los individuos más acaudalados, las celebridades, los políticos y el escalón superior general de la sociedad. El costo de una casa en un vecindario Clase A dependerá de la ciudad. En ciudades más ricas, el precio promedio de una casa podría ser de $ 1 millón. En ciudades menos ricas, los vecindarios de Clase A pueden tener un precio promedio de $ 500,000.

Los saltos de clase A son los más seguros, ya que las casas siempre están en demanda y tienen el mejor acceso a la infraestructura, las escuelas y la seguridad. Los vecindarios de clase B son vecindarios de "ingresos medios altos": La representación más típica del "sueño americano". Las casas de clase B pueden ser bastante grandes. Los vecindarios de clase C se consideran vecindarios de "clase obrera" y suelen estar poblados por residentes de ingresos medios. Los vecindarios de clase D son vecindarios de bajos ingresos y las propiedades allí cuestan menos.

¿Cuáles son los mejores vecindarios? Depende - los vecindarios más baratos de clase D podrían tener muchas "grandes ofertas", pero las primas de seguro son más altas a medida que aumenta el riesgo de delitos e invasiones de viviendas. Los vecindarios de clase A están mayormente fuera del alcance de los compradores de los principiantes. La mayoría de los compradores principiantes comienzan con los vecindarios de clase C o clase B.

Consejo: Su cambio no se limita a la investigación del vecindario. Técnicamente se puede comprar una propiedad rural aislada y darle la vuelta a esa propiedad. La clasificación del vecindario es simplemente un indicador económico de la prosperidad de un vecindario.

3) Calcular el presupuesto total

¡Es hora de sacar su calculadora! Calcule su presupuesto, cuánto puede pagar por la propiedad y cuánto se destinará a las renovaciones. ¡Esto no es difícil - es de sentido común! Digamos que usted solo tiene $20,000 para reservar para reparaciones, en ese caso debe mantenerse alejado de las casas de $500,000. El cambio ideal para usted sería una casa en el rango de menos de $100,000 <. Si le sobran $200,000 en renovaciones, debería considerar entrar a casas de clase A estimadas en $500,000-1M. Como regla general, estime que el pago inicial de la casa será del 20%. En este caso, hay diferencias claras entre el pago inicial de una casa de $500,000 y el pago inicial de una casa de $50,000. Calcule cuánto puede gastar en las pre-renovaciones de la casa.

Una vez que haya calculado el pago inicial y el costo total de adquisición, debe tener en cuenta los gastos de renovación. El precio de venta nunca debe superar el precio de adquisición, renovación y mantenimiento (servicios públicos, impuestos inmobiliarios, seguros, etc.). Digamos que usted agrega una cocina de $15,000, un baño de $10,000, $5,000 en costos anuales de mantenimiento y otros costos de transporte - agregue los gastos más altos que usted espera y combine eso con el costo de adquisición. Ahora agregue un problema estructural inesperado para mantenerse seguro. No olvide que incluso después de vender, la ganancia bruta promedio en un cambio de moneda en los Estados Unidos es de $60,000. Una vez que se fijan los impuestos sobre las ganancias de capital, es aún menos. Cuanto más bajos sean los costes de renovación, ¡más dinero tendrá en su bolsillo al final del viaje!

4) Financiar la compra

Es hora de sacar aprovechar la compra - usted debe preparar el dinero antes de empezar a visitar casas, hablar con los propietarios de bienes raíces o agentes de bienes raíces. Si usted tiene acceso a capital, puede saltarse esta parte por completo y concentrarse en la adquisición. Sin embargo, si no lo hace, debe asegurar los fondos usted mismo. La buena noticia: No tiene acceso a sumas de 6 cifras, hay muchas soluciones que le proporcionarán el capital que necesita. La mayoría de las personas optan por préstamos bancarios o dependen de préstamos privados. Cubrimos cómo obtener un préstamo bancario o consultar a prestamistas privados que financiarán la compra completa por un recorte al precio final.

Una vez que haya asegurado la financiación, es cuando comienza la diversión. Tenga en cuenta que está pagando intereses desde el primer día. El interés bancario sobre el dinero prestado para una propiedad es deducible de impuestos, y a pesar de los recortes en la Ley de Empleo, el interés no es un recorte del 100%. Una vez que añada el capital, los impuestos sobre las ganancias de capital y las tasas dobles para el seguro de vacantes, ninguno de ellos es deducible.

Este es el momento adecuado para consultar a un contador o a un abogado - esos profesionales estimarán el costo total de todos los gastos legales/tributarios y le permitirán estimar el costo del cambio, las renovaciones y los cargos ocultos. Esto le asegurará que la compra que está haciendo es segura.

5) Investigar la propiedad

¿Aseguró el dinero? ¿Listo para obtener las llaves? ¡Espera, no se apresure a comprar esa casa todavía! Los nuevos compradores de la casa se apresuran y un mes después descubren un problema estructural que consume todo su presupuesto de renovación. Envíales un inspector de casas primero. Un inspector de viviendas es un profesional que puede ser enviado a la localidad para investigar toda la propiedad para cualquier tipo de problema estructural. Ellos le darán un informe detallado sobre el estado de la propiedad, las renovaciones necesarias y los gastos totales para todas las reparaciones necesarias.

Los inspectores de viviendas son imprescindibles para asegurar que la propiedad que está a punto de comprar sea estructuralmente sólida y que los sistemas internos de infraestructura y mecánicos sean funcionales. Una vez que el inspector verifique que no se encontrará con "sorpresas desagradables", puede comenzar a firmar cheques y estrechar la mano.

6) Adquirir la propiedad

¡Las cosas emocionantes! Una vez que haya investigado una propiedad, es el momento de obtener las llaves de la casa. Esta propiedad ahora le pertenecerá a usted y se convierte en su responsabilidad. Hay muchas maneras de comprar una propiedad. La mayoría de los compradores compran directamente a los vendedores para evitar cargos de agente. Para encontrar las mejores "ofertas" usted puede comprar propiedades embargadas donde el dueño no hizo un pago o donde ocurrió un trágico accidente como muerte, divorcio o problemas financieros. No es "inmoral" comprarles a estas personas, ya que usted les está proporcionando liquidez que les ayudará a comenzar una nueva vida. No importa cómo compre la propiedad, tendrá que firmar los papeles legales y hacer que el procedimiento sea notariado. Considere la posibilidad de contratar a un abogado para el proceso, para verificar que no hay "vacíos legales" y que usted es el propietario de la propiedad. Si algo parece sospechoso, no firme. Deje que su abogado le eche un vistazo detallado a cada documento y luego ponga su firma en él.

IMPORTANTE: Usted debe prepararse para las inspecciones que la municipalidad enviará después de comprar una propiedad. La municipalidad local enviará inspectores que consultarán con usted e "investigarán" su propiedad para asegurarse de que sigue los códigos de construcción municipales. Las inspecciones serán rígidas en la mayoría de los vecindarios "principales" que mantienen altos estándares. Virtualmente todas las municipalidades enviarán inspecciones antes de que se le permita vender una propiedad. Si los investigadores detectan que algo anda mal con la propiedad, usted tendrá que gastar más tiempo y dinero arreglándola hasta que cumpla con sus estándares.

7) Renovar la propiedad

Tiene las llaves de la casa. ¿Ahora qué? Debes renovarlo para aumentar su valor. Aquí es donde entra en juego la "equidad del sudor", las cosas que no se muestran en la televisión. Esto es también cuando surgen sorpresas desagradables. ¿Qué pasa si descubres que el baño está infestado de cucarachas por la noche? Nunca podrías adivinarlo, ni siquiera con un inspector. Usted tendrá que contratar contratistas para exterminar la infestación - lo mismo con ratas, hormigas o cualquier roedor en la propiedad. ¿La pintura es mala en una habitación? Tendrás que pintar cada habitación para asegurarte de que no destaque. Usted debe calibrar a las necesidades de cada propiedad individual. Es entonces cuando usted necesitará la ayuda de sus amigos de bienes raíces que pueden ponerlo en contacto con contratistas: electricistas, plomeros, carpinteros, techadores, jardineros, etc. ¡Incluso si usted ejecuta todo a la perfección no hay garantía de que sus contratistas no lo estropearán! Si le dicen que lo harán en 2 días, podrían descubrir que el trabajo es más difícil y que requiere una semana de reparaciones. Espere retrasos e incrementos en los cargos.

Consejo profesional: Para ganar más dinero debe gastar menos en renovaciones. ¿Cómo lo logras? Aprenda a "arreglar" las cosas usted mismo. Si eres hábil con un martillo, si puedes instalar un fregadero de cocina, si sabes cómo techar o colgar paneles de yeso, tienes habilidades que te ahorrarán miles de dólares del bate. Si no puede trabajar con equipos, carece de las habilidades o no quiere ensuciarse las manos, siempre hay profesionales que se desplegarán en su lugar de trabajo y realizarán el trabajo.

8) Vender la propiedad

¡Esta es la parte final - la parte donde usted ve cantidades de 5 o 6 en su cuenta bancaria! ¡Hay maneras de ahorrar dinero en la venta también! Si no conoce ningún oficio, pero le gusta vender, puede vender su propia propiedad directamente. Hay muchas maneras de vender una propiedad en línea que explicaremos más adelante. Si usted recurre a una agencia de bienes raíces, le ofrecerán vender su propiedad por un 5% de comisión y lo más bajo que le ofrecerán es un 4%. Esta es una suma considerable para pagar por su primera propiedad. ¿Por qué regalarlo cuando usted mismo puede vender la propiedad? Le explicaremos cómo entrar en el mercado de "en venta por el propietario" y vender su propiedad en cuestión de semanas.

Capítulo 2 - Comprensión del mercado

Cómo Investigar Y Analizar Adecuadamente Su Mercado Inmobiliario Local

Te tropezaste con muchas cosas en los suburbios de Nueva Jersey: Una casa de 90.000 dólares con acceso a escuelas, hospitales y buena infraestructura. ¿Cómo analizar si el precio de $90,000 es adecuado para esa ubicación, superficie cuadrada y forma estructural? Analizar el área inmediata de su propiedad le ayudará a determinar el precio promedio de una casa. No hagas la llamada todavía: ¡Es hora de buscar propiedades "vendidas" anteriores en el área que le darán propiedades comparables para saber si está obteniendo un buen precio o si está siendo estafado! Estas propiedades se llaman "ventas comparables" en la industria de bienes raíces - propiedades idénticas con idénticos pies cuadrados (que se vendieron en su área recientemente). Los compuestos solo son viables si se han vendido en los últimos 6 meses. Si una propiedad vendida hace un año, no le dice mucho sobre el estado actual del mercado. Esta es la razón por la que la acumulación de datos recientes es esencial para las composiciones, y luego cruzar los datos con un tasador que puede estimar el valor de la vivienda basándose en el nivel de mantenimiento y la integridad estructural.

Para descubrir las ventas comparables para su propiedad, usted debe analizar propiedades dentro de un rango de 1/2 milla de su propiedad que se vendió en los últimos 3-6 meses. Cada propiedad con la que se tropieza y que se vende puede ser clasificada como una "opción". Sin embargo, usted debe buscar propiedades con medidas similares o idénticas para determinar el precio promedio. Hay herramientas que pueden ayudarle a reducir su investigación, como Zillow y Redfin, que proporcionan "estimaciones" del valor medio de la vivienda en cada código postal y pueden estimar vagamente el precio de una vivienda utilizando datos cartográficos. Sin embargo, para obtener datos precisos del mundo real, usted tiene que analizar las propiedades que fueron vendidas como estimaciones y que pueden estar completamente fuera de base.

¿Qué pasa si es imposible descubrir propiedades que se vendieron de metros cuadrados similares? Para sortear una escasez de propiedades "vendidas", debe analizar otras propiedades que sean más grandes o pequeñas que le puedan dar una comparación de valor, y estimar haciendo la matemática de la diferencia.

Ejemplo: Usted tiene su propiedad de $90,000 en Nueva Jersey y la propiedad es de 2000 pies cuadrados. Si usted descubre una propiedad más grande como una de 2500 pies cuadrados que se vendió en el área por el mismo precio, usted podría estar recibiendo un mal trato. Sin embargo, si usted encuentra precios similares para las propiedades vendidas entonces esto es potencialmente un buen negocio. Al final, es importante hacer una referencia cruzada de sus composiciones con un agente inmobiliario y/o tasador local que pueda estimar el valor de una propiedad e indicadores que puedan aumentar o disminuir el valor de la propiedad, tales como la proximidad a servicios, instituciones de atención médica/educativas y la forma general de la propiedad. Los agentes de bienes raíces se ocupan de los mercados locales de bienes raíces, lo que los hace más eficaces para determinar el valor de la vivienda local.

Consejo profesional: Los agentes de bienes raíces pueden ayudarle a estimar el precio de venta de su casa por adelantado. Una vez que haya reunido una lista de composiciones, tendrá acceso a los datos del precio promedio de venta de una vivienda de esa superficie cuadrada en su área. Usted puede entonces consultar a un agente de bienes raíces para que le ayude con los cálculos finales. El agente de bienes raíces lo ayudará a identificar las compilaciones más precisas, analizar la propiedad que está tratando de adquirir y calcular el precio potencial final según la condición de la propiedad.

4 pasos de uso de "Ventas comparables" para determinar el valor de la vivienda

¡Una vez que haya encontrado una propiedad adecuada, es el momento de reunir su lista de "ventas comparables"! No todas las propiedades que se venden en su área son elegibles. Las "ventas comparables" son solo viviendas que se han vendido en los últimos tiempos (3-6 meses) y tienen características similares a las de su vivienda. Antes de poner un pago inicial en una casa, usted debe analizar las composiciones e identificar cuál es la más cercana a su futura propiedad. Debe utilizar herramientas en línea que le permitan buscar propiedades en su área utilizando mapas, o buscar en Google "Neighborhood + sold properties" (Vecindario + propiedades vendidas) para descubrir a los agentes inmobiliarios que vendieron propiedades en su área y averiguar si vendieron una propiedad de superficie similar. Los siguientes 4 pasos le ayudarán a identificar las composiciones para su futura propiedad:

Paso #1) Identifique las propiedades en un radio de 1/2 milla

¡Lugar! Las propiedades tienen que estar en el mismo vecindario o dentro de un radio corto de media milla para calificar como ventas comparables. El valor de la vivienda puede aumentar y disminuir dentro de una sola milla debido a que ciertas áreas están bloqueadas de los caminos principales o tienen dificultades de terreno que les impiden recibir infraestructura que se refleja en el precio del listado. Encuentre una lista de todas las propiedades más cercanas que se vendieron recientemente y calcule el valor promedio basado en la información. No mire los listados de propiedades en venta, sino que concéntrese en las propiedades que ya han sido vendidas. Esto le dará una estimación precisa del precio promedio por pie cuadrado. Si una compensación está demasiado lejos de su propiedad, podría darle una idea equivocada sobre el valor que podría ser mayor o menor.

Paso #2) Identifique características interiores similares

La casa con la que se está comparando debe tener características de calidad e interiores similares. Si una casa tiene un interior muy moderno, ascensores, cocina de alta tecnología, y otras comodidades - esto puede aumentar el valor de la propiedad exponencialmente. Esta es la razón por la que no se deben comparar las propiedades "fijas" con una propiedad agotada. Una composición calificada debe tener características interiores idénticas a la propiedad que está considerando comprar. Si compra una propiedad semi-rebajada, encuentre composiciones semi-reducidas en forma similar. Si compra una propiedad bien mantenida, encuentre otras propiedades bien mantenidas. Cuanto más cerca esté una propiedad de su compra, mayor será la precisión de la valoración del valor.

Paso #3) identifique pies cuadrados similares

La casa debe tener una superficie similar o idéntica para que se considere una compensación. Si usted está comprando una casa de 2000 pies cuadrados no obtendrá mucha información comparada con una casa de 5000 pies cuadrados. Trate de reducir las composiciones basadas en el tamaño de la casa y haga un seguimiento de esta eliminando la diferencia. Digamos que una casa de 2000 pies cuadrados cuesta $100,000 en un área. Si usted ve casas de 4000 pies cuadrados por $200,000-250,000 en esa misma área, usted puede determinar fácilmente el valor promedio de la casa. Los pies cuadrados suelen ser el mayor indicador de valor.

4) Identifique construcciones similares

El tipo de construcción puede afectar el precio de la casa ya que muchos métodos de construcción han cambiado a lo largo de los años. Esto es particularmente cierto en estados como Florida, donde después de las regulaciones de huracanes, muchas casas nuevas son ahora a prueba de huracanes y tienen precios inmobiliarios más altos que las casas antiguas. La estructura también se refleja en los precios de los seguros de vivienda, ya que las viviendas obsoletas requerirán un seguro mucho más alto o serán rechazadas por las aseguradoras directamente. Analice cuándo se construyeron las ventas comparables y la diferencia estructural entre su propiedad y la forma en que esas diferencias se reflejan en el precio final.

Sitios web de bienes raíces para ventas comparables

¿Qué herramientas son las mejores para recopilar datos? Analice las propiedades locales buscando en los sitios web de bienes raíces más grandes que le pueden dar una lista de propiedades "vendidas", estimaciones del valor de la vivienda para cada vecindario y listados actuales. Los siguientes sitios web son las herramientas más fiables para el comprador de casas:

Zillow

Zillow es actualmente el sitio web inmobiliario más grande de los Estados Unidos. Zillow se especializa exclusivamente en el mercado inmobiliario de los Estados Unidos. y puede darle estimaciones de valor detalladas para cada casa en los Estados Unidos. La compañía opera sobre la base de un principio basado en un mapa y una vez que se ha reducido en una ubicación, puede estimar el valor de cada casa por el precio promedio de cotización y precio de venta en el área + indicadores tales como la cantidad de pies cuadrados tomados por los datos del gobierno. La compañía hace que la búsqueda de propiedades en su área sea muy fácil, y puede reducirlas por precio + darle acceso a los registros públicos y a las propiedades recientemente vendidas en cada área. Zillow está realmente entrando en la casa de Cambiar a sí mismos y sus agentes tienen la tarea de vender cada propiedad en menos de 3 meses: Es el sitio web ideal para una persona que cambia de casa porque su base de datos es la más grande.

Trulia

Trulia es una excelente herramienta para los compradores de la casa porque proporciona información que puede afectar al valor de la vivienda, como, por ejemplo, "percepciones locales". Estos conocimientos pueden hacer que usted se dé cuenta de cosas que no se dio cuenta en el lugar mientras estaba mirando una propiedad: Los informes sobre el crimen, las calificaciones de las escuelas, los eventos de la comunidad local y el sitio web incluso tienen foros de discusión. Una persona que cambia una casa puede tener una perspectiva general de su adquisición utilizando el análisis detallado de Trulia de cada propiedad.

Redfin

Redfin es una herramienta inmobiliaria muy popular: Su principal característica destacada es la función de recorrido en 3D que le permite ver las propiedades "dentro de la casa" caminando como si estuviera en el lugar. También tienen tarifas relativamente bajas. Sin embargo, esta herramienta no tiene las extensas características de análisis de Zillow y Trulia.

Realtor.com

Realtor.com solía ser el sitio de listados de bienes raíces más grande y actualmente se mantiene por sí mismo al proporcionar una de las herramientas de tasación de valor más precisas que pueden identificar el valor actual de cada casa en los Estados Unidos. El sitio también tiene herramientas de seguimiento para los inversionistas de bienes raíces que pueden rastrear sus ganancias.

Contratación de un tasador

Una vez que haya reunido sus composiciones, analizado las propiedades utilizando herramientas en línea, consultado con los agentes de bienes raíces - el último paso que debe tomar es contratar a un tasador profesional que pueda caminar en la propiedad y analizar todo para una estimación final. Ellos le pueden dar una perspectiva imparcial en cuanto al valor real de la casa. Si sus composiciones e investigaciones se acercan a las del tasador, ¡puede estar seguro de que está obteniendo un gran precio!

Consejo profesional: Los tasadores proporcionan una visión diferente del valor que los agentes de bienes raíces o las herramientas en línea. Ellos analizan la casa entrando y probando todas las características individuales. Ellos analizarán la ubicación de la propiedad, la disposición estructural/conveniencia, las mejoras requeridas para los baños/cocina, las condiciones de HVAC que podrían requerir reparaciones, y la condición del interior/exterior. Una vez que hayan tenido todas estas cosas en cuenta y realizado sus cálculos, le darán una estimación final. El evaluador junta la pieza final del rompecabezas ya que puede resumir su cálculo y usted puede compararlo con los datos que ha recopilado en línea. Para encontrar un tasador, consulte con un agente de bienes raíces para obtener una referencia o con un tasador local de Google.

Pisar la propiedad

No hay nada que pueda indicar si su propiedad se venderá o no que el hecho de poner un pie en la propiedad: Usted sabrá instantáneamente si se siente "bien" o si la propiedad se siente como un mal negocio en el momento en que usted pise la propiedad. Pregúntate a ti mismo:

¿Vivirías en esta propiedad? Ponte en la piel de un cliente y decide si quieres vivir en esa propiedad y qué mejoras quieres para ti. ¿Se siente seguro en el área? ¿Te gusta la forma de la casa? ¿Qué es lo que te molesta del interior? Si usted hace la propiedad habitable para usted, hay una alta probabilidad de que alguien más la encuentre habitable también.

Siguiendo La Regla Del 70%

Debe elegir entre 2 propiedades: ¿El primero cuesta $100,000 y tiene un mal interior y el segundo cuesta $115,000 pero tiene un interior decente? ¿Cuál debería comprar y Cambiar? ¿Cómo calcula cuánto debe pagar por una propiedad una vez que haya reducido la investigación del vecindario y conozca el valor promedio por pie cuadrado? La respuesta es la regla del 70%! La regla del 70% es la regla general para los compradores de la casa porque deja un 30% de ganancia al final de cada comprador que usted puede usar para cubrir sus cuotas de préstamo y otros costos pequeños/no planeados. Un comprador de la casa no es "segura" porque siempre son propensos a cargos inesperados y la regla del 70% asegura que su inversión está a salvo de fallas estructurales, cargos por reparaciones tardías, cargos por adquisición y más. Los principiantes cometen el error de comprar una casa sin tener en cuenta la regla del 70%, y luego no obtienen beneficios o incluso pierden dinero. Esta es la razón por la que los compradores inteligentes calculan todas sus ganancias y gastos finales antes de comprar una casa.

¿Cómo funciona la regla del 70%?

Para evitar sobrepujas o pérdidas de ganancias, la regla del 70% puede ayudarle a determinar el máximo que debe gastar en cada propiedad. Si una casa va a valer $100,000 al final, probablemente no debería pujar ni la mitad de esa cantidad al principio. La regla del 70% se aplica antes de que los compradores hagan una oferta por una propiedad. Los compradores deben hacer sus cálculos con 3 meses de antelación para determinar el ARV (precio final de venta) y llevarse el 70% de lo que es el máximo que deben gastar en una propiedad sin arreglar. Hay una fórmula simple que un comprador puede utilizar para realizar los cálculos básicos.

Consejo profesional: Recuerde que lo que usted paga al principio es el indicador más grande de cuánto dinero le quedará después del cambio. Si usted paga de más por la propiedad, obtendrá menos ganancias para usted y sus inversionistas. Sin embargo, si puja por debajo del valor máximo del 70% y negocia una propiedad por menos de esa cantidad, es probable que se quede con enormes ganancias al final del cambio. Por lo tanto, su trabajo es estimar cuál es el 70% de ARV para una propiedad en particular, llevárselo y negociar la casa por esa cantidad y/o menos.

¿Cuál es la fórmula del 70%?

La regla del 70% es una fórmula para determinar el precio máximo que debe pagar por una casa antes de dar la vuelta. La regla del 70% se aplica a las propiedades en todos los niveles: casas abandonadas, casas normales en áreas de clase trabajadora e incluso casas de alto valor en vecindarios de clase A. El 70% en esencia dicta que un inversionista no debe pagar más del 70% del valor final después de las renovaciones. Esto deja a los inversores con un superávit del 30% que comprende su beneficio final y otros gastos varios que puedan surgir. La regla del 70% funciona según el principio de ARV: después del valor de reparación. Una vez que haya sumado los costos totales de renovación al valor original de la vivienda, tendrá su ARV. Entonces usted resta el 70% de ese ARV y tiene la cantidad máxima que debe pagar por la propiedad. Si aplicamos matemáticas simples, y el ARV de una casa es de $100,000 y necesita $30,000 en reparaciones, esto significa que el inversionista no debe pagar más de $40,000 por esa propiedad. Echaremos un vistazo detallado a las matemáticas a continuación.

La regla del 70% es una regla general, sin embargo, no está escrita en piedra. Usted puede técnicamente Cambiar una casa sin fines de lucro para demostrar que Cambiar casas es posible. Usted podría tratar de inventar su propia regla del 60% y solo pujar al 60% del ARV, que muchas personas probablemente tomarán también (si necesitan desesperadamente líquido).

La fórmula de la regla de oro del 70%

La fórmula de la regla del 70% es la siguiente:

ARV x 70% - Costos de Renovación = Precio Máximo de Oferta

Fórmula alternativa: ARV x 0,70 - Gastos de renovación = Precio máximo de la oferta

La inversión inmobiliaria conlleva costes ocultos que no son visibles, como los costes iniciales de financiación/prestamista, los costes de liquidación, los costes de agente inmobiliario/listado, los costes de financiación y otros costes blandos, como los impuestos sobre la propiedad, los seguros y los impuestos sobre las plusvalías. Una vez que añada los gastos de renovación imprevistos, debe reservar al menos el 30% de los beneficios para contabilizar todos esos gastos de una sola vez. De esta manera, no se sorprenderá cuando su contratista haga una oferta excesiva de $2000 y no pueda encontrar una oferta más pequeña, pero planee gastar solo $500.

Cálculos usando la regla del 70%

Para el propósito de los promedios, tomaremos el valor promedio de una casa en los Estados Unidos: $230,000. ¿Cuánto debe pagar por una casa de $230,000 (si la casa vale $230,000 después de una renovación)? Consideremos todos los costos asociados con la compra de una casa de $230,000.

ARV (valor después de la reparación): $230,000.

Costos de renovación: 50.000 dólares (ejemplo: 20.000 dólares para una cocina, 15.000 dólares para un baño y 15.000 dólares para pintura, mejoras interiores, mejoras en el césped, etc.).

Presupuesto de Reserva para Renovación: $10,000 (retire el 20% de su presupuesto total de renovación como reserva para gastos inesperados y recargos del contratista - ¡puede que no siempre gaste esto, pero para estar seguro!)

Costos de liquidación: $10,000.

Costos financieros (tasas de interés): $5000.

Costes totales: $75,000.

La cantidad total de lo que tendrá que apartar para invertir la casa promedio de $230,000 en los Estados Unidos es de $75,000 para gastos de reparación. En muchos casos esto puede llegar a ser $65,000 o menos si usted contrata a los contratistas adecuados, vende la propiedad usted mismo, gasta menos en renovaciones, negocia mejores tasas de préstamo, etc. La regla del 70% no está escrita en piedra, pero con el propósito de los promedios tomaremos el estimado de $75,000.

Ahora apliquemos la fórmula dorada:

$230,000 x 0.70 - $75,000 = $86,000

Conclusión: De acuerdo con la regla del 70%, un comprador que quiere Cambiar una casa con un valor de $230,000 al final no debe ofertar más de $86,000 - sin embargo, así no es como funciona en la práctica porque no tiene en cuenta sus ganancias estimadas. Digamos que desea obtener una ganancia de $40,000 al final de esta venta. Si usted comenzara con un estimado de $230,000 ARV y le quitara sus gastos de $75,000 y luego le quitara sus ganancias estimadas de $40,000, usted alcanzaría un precio máximo de oferta de $115,000. Usted podría obtener una ganancia de $40,000 si ofrece menos de $115,000, pero es posible obtener más si hace una oferta más baja y gasta menos en renovaciones y costos misceláneos. El beneficio final se basará en la extensión de sus renovaciones, su experiencia negociando y cambiando, el nivel de riesgo y el tiempo que toma el trato.

Advertencia: No sobreestime el ARV. La regla del 70% solo le ayuda a identificar los costos instantáneos, pero nunca reflejará los costos reales de reparación una vez que esté en el terreno porque cada propiedad requiere un tratamiento único. Siempre sea cauteloso y conservador con sus estimaciones de ARV y utilice los números de escenario del peor de los casos para sus costos de renovación. Usted no podrá entrar a una propiedad y estimar las reparaciones si está comprando una casa embargada, y esto es algo que debe considerar cuando esté en busca de buenas ofertas. Tendrá que hacer esos cálculos por adelantado.

¿Es un mercado del comprador, del vendedor o equilibrado? Usted ha visto los millones de personas que ganan en la televisión: los compradores se apoderan de propiedades y las cambian rápidamente. ¿Cómo puede saber si el mercado es un mercado de vendedores/propietarios o si es un mercado de compradores? Hay formas de determinar si el mercado se desplaza más hacia los compradores o vendedores. Por ejemplo, una vez que la economía estadounidense se derrumbó en 2008, el mercado fue considerado un mercado de "compradores". Los precios de las viviendas que solían estar por encima del techo de repente alcanzaron precios abismales y las personas ricas con acceso al capital podrían arrebatarles su parte más baja.

Una vez que el mercado inmobiliario se derrumba, el mercado se convierte en un mercado de compradores y es muy difícil vender una propiedad con fines de lucro. Sin embargo, cuando la economía se fortalece y el dinero fluye por todas partes, esto se convierte en un mercado de vendedores y es más difícil para los compradores pagar las casas. Los precios de la vivienda se solidifican aún más por los inversores extranjeros que intentan establecerse en los EE. UU. e invierten en propiedades. El valor medio de la vivienda en los Estados Unidos es de $231,000, sin embargo, en estados como California es de más de $500,000. Una economía fuerte puede ser negativa para los compradores porque es más difícil encontrar propiedades embargadas a un precio bajo. ¿Cómo determinamos si el mercado es actualmente un mercado de compradores, vendedores o equilibrado?

Los 3 tipos de mercados inmobiliarios

Al final de cada año fiscal, las agencias de estadísticas pueden determinar si el mercado era de comprador, vendedor o equilibrado. Ejemplo: Los rendimientos brutos de los cambios de casa son diferentes cada año. En 2018 el rendimiento bruto medio era del 44% y en 2017 del 50%. ¿Por qué la disminución de la rentabilidad bruta media? La economía se fortalece y menos personas quiebran. Esto significa que hay menos propiedades en el mercado a precios embargados, por lo que los compradores invierten menos porque se hace más difícil encontrar "grandes ofertas". Esto no es ni malo ni bueno, ya que un comprador experimentado puede encontrar excelentes ofertas en todos los mercados posibles. La métrica solo muestra el cambio en el mercado para ayudarle a entender por qué ciertas cosas suceden cuando suceden.

#1) Mercado del vendedor: Si el mercado es un mercado de vendedores (¡un comprador también es un vendedor!), esto significa que hay un excedente en la demanda y una falta de oferta. Para imaginar el mejor ejemplo del mercado de un vendedor, piense en San Francisco, California. Cada apartamento que sale a la venta en San Francisco se vende en cuestión de días y muchas personas entran en guerras de ofertas por la oportunidad de comprar un espacio vital. Esto se debe a que San Francisco es un centro tecnológico con algunos de los salarios medios más altos de los Estados Unidos. A pesar de ello, la ciudad se niega a otorgar permisos de construcción para edificios de gran altura que permitan a los promotores construir viviendas para las personas que se trasladan en la ciudad. Esto significa que el espacio vital se vuelve escaso y los precios de los bienes raíces y alquileres se disparan. San Francisco es un ejemplo extremo del mercado de un vendedor, pero en general si la demanda es alta, entonces eso es un fuerte indicador del mercado de un vendedor.

#2) Mercado del comprador: Un mercado de compradores es cuando el inventario de viviendas supera el de la demanda. ¿Ha pasado por nuevas urbanizaciones suburbanas vacías que aún no están habitadas? En muchos casos esto es un indicador del mercado del comprador, ya que la necesidad de vivienda excede la demanda. Esto significa que los compradores están en una posición superior a la de los vendedores porque tienen mucho de dónde escoger y pueden incluso vender a un precio menor. Es muy difícil obtener ganancias cuando se está en el mercado de un comprador. Eche un vistazo a la ciudad en la que está invirtiendo. ¿Hay muchos nuevos desarrollos vacantes? ¿Los nuevos desarrollos se agotan rápidamente? Si la ciudad está llena de propiedades vacías y tiene un superávit de desarrollos, será más difícil vender una propiedad. En el peor de los casos, una propiedad puede permanecer en el mercado durante todo un año.

#3) Mercado Equilibrado: Un mercado equilibrado significa que el inventario y la demanda se igualan y que para cada nuevo desarrollo hay clientes adecuados. Estados Unidos ha sido un mercado equilibrado durante la mayor parte de su historia y las únicas excepciones fueron las fuertes reducciones/recesiones económicas o microburbujas dentro de ciertas regiones que experimentan un auge económico. La economía de una ciudad puede tener un fuerte impacto en el mercado inmobiliario y en los ejemplos más extremos como Detroit y San Francisco, vemos un colapso total o una inflación excesiva de los precios de la vivienda. En un típico mercado equilibrado, hay un adelanto de 6 meses en el inventario que satisface la demanda.

El mejor mercado para cambiar casas & Mercados más activos

El mejor escenario para un comprador de la casa es el mercado de los vendedores. Cuando hay una gran demanda de vivienda en una ciudad próspera, es mucho más fácil vender una propiedad. Si nadie quiere vivir en una ciudad y la demanda de vivienda es baja, será mucho más difícil vender una propiedad porque vender propiedades es difícil en general. En un mercado equilibrado, es posible hacer una cantidad saludable de dinero cambiando casas.

Los costos laborales se ven afectados por la escasez de trabajadores: Si hay trabajadores menos cualificados para llevar a cabo las tareas, los contratistas necesitarán más dinero. Sin embargo, esto depende del mercado local y algunos mercados se ven menos afectados por la escasez de mano de obra. Investigue su mercado local para conocer los precios de los contratistas y compárelos con el promedio de los Estados Unidos. Algunos mercados tienen costos laborales más bajos.

Genera ingresos pasivos rentando propiedades

Los gastos que se destinan a las renovaciones serán un factor importante en su balance final.

Las ciudades de más rápido crecimiento en los Estados Unidos tendrán la mayor demanda de vivienda. Las áreas urbanas y los suburbios inmediatos de esas ciudades son ideales para el cambio de casa porque casi siempre son mercados de vendedores. ¿Cree que las ciudades de más rápido crecimiento en los Estados Unidos son la ciudad de Nueva York y/o Los Ángeles? ¡Equivocado! Per cápita, las ciudades de más rápido crecimiento suelen ser ciudades medianas con una economía fuerte. Ciudades como Seattle, Austin, Denver, Omaha, Miami y Raleigh encabezan la lista como las ciudades de más rápido crecimiento en la nación. Estas ciudades pueden crecer hasta un 15% cada 5 años. ¿Dónde vivirá toda esa gente? Depende de usted proporcionarles un espacio para vivir. Con un mercado laboral fuerte y salarios crecientes, muchas personas pueden ahora permitirse el pago inicial de una propiedad. Por eso, los mercados inmobiliarios "más activos" son mercados de vendedores o mercados de equilibrio. Depende de ti aprovechar y obtener un beneficio saludable en su primer cambio.

Capítulo 3 - Sin dinero, no hay problema

Venta Al Por Mayor: Todo Lo Que Necesita Saber Para Empezar

Los principiantes piensan que necesitan un ingreso de $120,000 anuales y una licencia de bienes raíces para obtener fondos para sus cambios - ¡están equivocados! Estamos a punto de destilar múltiples formas de adquirir capital sin hacerlo de la manera convencional. El espíritu de cambiar la casa se manifiesta en esta etapa: La emoción de un líquido de investigación, adquisición y recolección para financiar su primera operación. ¿Está listo para hacer sus primeras adquisiciones e investigar casas para comprar? ¿Está listo para convertirse en propietario y obtener las llaves de su primer viaje? Espera, porque estamos a punto de romper las formas más poco convencionales y secretas de obtener financiación.

El primero de estos métodos es la "venta al por mayor". El nombre de "venta al por mayor" hace sonar las campanas si alguna vez entra al centro comercial en Navidad: todas las tiendas están vendiendo mercancías a precios bajos para deshacerse de las existencias fuera de temporada. En el sector inmobiliario, la venta al por mayor se refiere prácticamente a lo mismo: conseguir ofertas en el mercado principal. El principal mercado inmobiliario es el mercado que todos vemos: los anuncios clasificados online, los sitios web inmobiliarios. La venta al por mayor se esfuerza por comprar bienes raíces en el mercado principal - usted puede comprar su primera casa a los mayoristas.

¿Cómo cambiar una casa sin dinero?

Suena como una publicidad que lo engaña - ¡no lo es! La venta al por mayor puede permitirle comprar propiedades fuera del mercado por un valor mucho más bajo que el que se vendería en el mercado principal.

La venta al por mayor es de bajo riesgo porque usted se pone en contacto directamente con el dueño de la propiedad para comprar su propiedad con descuento - y una vez que usted la invierte, usted comparte las ganancias. Esto significa que usted nunca toma el título, es decir, que nunca se convierte oficialmente en el "propietario" de la propiedad, sino que obtiene los beneficios al final. Usted no es responsable de la propiedad y hace un spread una vez que la propiedad se vende por una tarifa que usted acuerda por adelantado.

Aspectos positivos / negativos de la venta al por mayor

La venta al por mayor es el método más rápido para financiar y Cambiar una propiedad sin tener mucho capital disponible. Sin embargo, requiere más experiencia y trabajo en red que un cambio de casa convencional.

Positivos de la venta al por mayor:

✓ Casas plegables con poco / sin capital.

✓ Sin pagos iniciales o menos honorarios legales, ya que nunca se apropia de la propiedad.

✓ Más seguro que las formas convencionales de inversión inmobiliaria.

✓ Capacidad para financiar múltiples ofertas a la vez.

✓ El puntaje de crédito es irrelevante.

Desventajas de la venta al por mayor:

✗ Requiere agudeza social, redes y conocimiento sobre todo el proceso.

✗ Debe buscar inversores que financien las ofertas

✗ Debe planificar una estrategia de salida para una propiedad que no es de su propiedad.

✗ Si no financia el acuerdo, ganará menos que el inversor.

Cómo funciona la venta al por mayor

La venta al por mayor es un cambio de casa SIN tomar posesión de la propiedad. Los mayoristas descubren a un vendedor de casas que acepta asociarse con ellos y les permite adquirir la casa a un precio bajo. Esto hace que el mayorista actúe como "intermediario" entre el propietario y el futuro comprador. Esto es ideal para los principiantes porque disminuye el riesgo de que las cosas salgan mal y se queden atrapados en una casa. La venta al por mayor es ideal para principiantes, sin embargo, los nuevos mayoristas deben consultar a abogados de bienes raíces para todas las contingencias de asignación. Depende de usted seleccionar cuánto cobrará en concepto de "comisiones de cesión", que son sus beneficios por actuar como intermediario financiero.

Cómo determinar si la venta al por mayor es para usted

Si usted tiene los conocimientos para buscar inversores que puedan aportar el dinero inicial para las renovaciones y sabe cómo encontrar propietarios que estén de acuerdo con un acuerdo de venta al por mayor, usted es ideal para la venta al por mayor. Este método es perfecto para las personas a las que les gusta trabajar en red y que pueden unir a la gente en un trato. Empieza en LinkedIn para construir conexiones locales con personas involucradas en el cambio de casa, finanzas y bienes raíces. Su trabajo como mayorista es aprender su mercado local, desarrollar conexiones, conocer el costo de las reparaciones y llegar a un acuerdo con los inversionistas.

Esencialmente, ¡usted no necesita dinero para empezar a vender al por mayor! Usted puede hacer contactos con financieros que pondrán el dinero para la compra de la casa y las renovaciones, encontrar a una persona dispuesta a vender su casa con un descuento sin tomar el título, y Cambiar la casa. Tendrá que realizar las mismas reparaciones que si financiara y reparara la casa usted mismo, pero tomará el dinero de otras personas y lo dirigirá para obtener el mayor retorno de la inversión y los beneficios.

Cálculo del beneficio para la venta al por mayor

Para operar como mayorista, usted debe desarrollar una mentalidad mayorista - no puede aplicar los mismos principios que un comprador regular porque muchas propiedades no funcionarán como mayoristas. Como regla general, usted debe tratar de identificar las propiedades que pueden funcionar como ventas al por mayor y se aplica la siguiente fórmula:

ARV * 70% - costo de reparación - su tarifa = Oferta que usted ofrece.

¡Saque su calculadora ahora mismo! Hagamos un ejemplo con una casa promedio de $125,000 que requiere $25,000 en reparaciones para un valor total de reventa de $150,000. ¿Cuál sería su ganancia final y cuánto debería ofrecer al dueño de la casa para obtener esa ganancia?

$150,000 (valor después de la reparación) * 70% - $25,000 (costo de reparación) - $15,000 (su tarifa al por mayor) = $65,000.

Su oferta máxima por esta casa debería ser de 65.000 dólares. Si quiere cerrarlo instantáneamente, debería considerar bajar su tarifa de venta al por mayor a $10,000 para ofrecerle al propietario $70,000 por la casa. En ambos casos, usted es libre de decidir la tarifa de venta al por mayor basándose en cuánto cree que el propietario estaría de acuerdo.

Si los dueños de la propiedad están abiertos a la negociación, usted debe establecer una tarifa más alta. Si son tacaños y se niegan a vender, ofrézcales una tarifa al por mayor más baja. La oferta final determinará cuánto puede llevarse a casa: si ofrece menos, obtendrá más beneficios. Si ofrece más, obtendrá menos beneficios. Determine si la ganancia en una venta al por mayor vale la pena todo el esfuerzo que usted pondrá en la propiedad.

Advertencia: Investigue al dueño de la propiedad para determinar si los dueños de la propiedad deben demasiado antes de que usted les ofrezca un trato, porque en muchos casos no le darán un buen trato si están en deuda severa. Los buenos tratos son posibles si ambas partes ven una ganancia, no a expensas de la otra parte.

Una vez que haya identificado una operación, tiene que firmar un "contrato de venta al por mayor" que le dará derecho a arreglar la propiedad y finalmente venderla con fines de lucro - una vez que se haya vendido, el propietario anterior tiene que mudarse. Los abogados de bienes raíces que se especializan en esta práctica legal pueden asegurar que los fondos en custodia y las transacciones se lleven a cabo de una manera eficiente. Los contratos al por mayor son aceptados por profesionales de bienes raíces que se dedican a la venta de propiedades para ganarse la vida - profesionales como usted. Es su trabajo identificar las propiedades elegibles, negociar un acuerdo con el vendedor, renovar la propiedad y venderla con fines de lucro.

Cómo Obtener Un Préstamo De Dinero En Efectivo

¿Cree que necesita pasar meses garantizando al banco que pagará sus préstamos? ¿Le cuesta reunir toda la evidencia que le pide su gerente de préstamos bancarios antes de aprobar su préstamo? ¿Qué pasa con el tiempo? ¿Tiene todos los documentos, pero el banco todavía tarda meses en aprobar sus préstamos? Los préstamos de dinero en efectivo lo ayudan a evitar eso. Su préstamo puede ser aprobado en tan solo 7 días y el tiempo promedio de aprobación es de menos de 10 días. Esto le permite al prestamista analizar la propiedad y determinar si tendrá ganancias antes de aprobar su préstamo. El préstamo "Cambiar y Accionar" es la forma en que se venden miles de propiedades cada mes, y este préstamo permite a los compradores que siempre están a la búsqueda del próximo acuerdo para financiar su próxima propiedad. No espere a terminar su proyecto actual antes de reunir más fondos - usted puede solicitar múltiples préstamos a la vez y arreglar múltiples propiedades. Mientras trabaja en su propiedad actual, podría alinear la siguiente.

Los préstamos de dinero en efectivo son préstamos inmobiliarios para los compradores que requieren un acceso rápido al capital sin consultar a los bancos. Los bancos tienen rígidos procedimientos de aprobación que toman semanas o incluso meses - los préstamos de dinero en efectivo se emiten en cuestión de días, lo que permite efectivamente a los compradores capitalizar las inversiones actuales mientras financian múltiples propiedades a la vez. Los préstamos de dinero en efectivo son para los compradores que quieren invertir en múltiples propiedades y requieren procedimientos de aprobación rápida. Si desea invertir varias propiedades a la vez sin perder meses antes de financiar nuevas propiedades, este tipo de préstamo es para usted.

¿Suena demasiado bueno para ser verdad? Los préstamos de dinero en efectivo tienen tasas de interés más altas, pero atienden a un cierto grupo demográfico del comprador que pueden permitirse pagar tasas de interés más altas porque la velocidad compensa el recargo sobre los intereses. El tiempo es esencial aquí: Cuanto más rápido cambie su propiedad, menos pagará en intereses. Si usted puede Cambiar propiedades rápidamente, obtendrá mayores recompensas. Los préstamos de dinero en efectivo, también conocidos como préstamos

"Cambiar y Accionar ", le permiten entrar y salir del mercado rápidamente y asegurar el capital que necesita para renovar y vender una propiedad.

Consejo profesional: Prepare sus documentos de adquisición de propiedad por adelantado, ya que los préstamos " Cambiar y Accionar " requieren documentación detallada para acelerar la aprobación. Esta parte es la que más se aprovecha y una vez que su préstamo es aprobado (usualmente dentro de unos días) usted puede comprar la propiedad y empezar a trabajar.

Ventajas de los préstamos de dinero en efectivo:

✓ Solo se requiere un pago inicial del 10%: puede financiar el 90% del costo de adquisición de la propiedad y el 100% de todas las renovaciones.

✓No hay contratos por adelantado ni costos de aprobación previa.

✓Tiempo promedio de aprobación de 7-10 días (45 días para préstamos bancarios convencionales).

✓Todos los tipos de bienes inmuebles aceptados (casas, condominios, propiedades comerciales, etc.).

✓Se puede aplicar con historial de crédito malo, quiebras pasadas o impuestos atrasados adeudados.

Desventajas de los préstamos de dinero en efectivo:

✗4-5% de interés más alto que los préstamos convencionales. La tasa de interés promedio es de 5-8%.

Préstamos de Dinero en efectivo VS Préstamos Bancarios Convencionales

Genera ingresos pasivos rentando propiedades

La principal ventaja de los préstamos en dinero en efectivo es que aprueban los préstamos en función del activo en cuestión, no del prestatario. El banco convencional analizará su empleo personal, finanzas, historial de trabajo, puntaje de crédito y cuenta de su responsabilidad personal. Los prestamistas de dinero en efectivo solo se ocupan de la propiedad: Quieren saber si la propiedad se venderá. Toda la atención se centra en la propiedad. Los préstamos de dinero en efectivo están destinados a los compradores y cubren todas las necesidades de los compradores: gastos de compra, gastos de cierre, gastos legales, gastos de permisos y renovaciones. En el caso de los préstamos en dinero en efectivo, la financiación global se denomina *"asset based underwriting"* (suscripción basada en activos), lo que constituye la principal ventaja frente a los préstamos convencionales. Los préstamos de dinero en efectivo están disponibles para personas con un historial de crédito malo o limitado, ya que el enfoque se pone en los tratos en sí mismos, no en la persona.

¿No sería estupendo que todos los bancos solo se fijaran en sus operaciones y decidieran financiar proyectos basados en los que parezca más rentable en lugar de indagar en su historia personal? Esta es la esencia de los préstamos de dinero en efectivo - mientras que los bancos considerarían riesgoso invertir en el negocio de la venta de casas, los préstamos fijos y móviles prosperan con inversiones volátiles como la venta de propiedades porque financian todo el proyecto y saben que la propiedad está garantizada para obtener beneficios (basados en la investigación de mercado y otras métricas conducentes a la obtención del ARV de la propiedad). Tampoco excluyen a las personas con un historial de mal crédito. Incluso si su puntaje de crédito actual es bueno, un banco se negará rotundamente si usted tenía una bancarrota bajo su cinturón. El préstamo de activos está garantizado por la garantía y los prestamistas no están en peligro, ya que pueden adquirir la propiedad si usted no la invierte y no hace los pagos. Sin embargo, también están abiertos a financiar todos sus esfuerzos y ayudarle a reunir las finanzas que necesita para hacer que la propiedad brille.

Consejo profesional: El tiempo es su principal aliado en los préstamos de dinero en efectivo. Si una propiedad se ve demasiado destartalada y su intuición le dice que va a tomar meses para arreglarla - deshágase de ella. Usted necesita una propiedad sólida que usted puede Cambiar dentro de unas pocas semanas mediante la actualización de los elementos básicos tales como los dormitorios, baños, cocinas y / o pintura. Cuanto más rápido se deshaga de la propiedad, menos pagará en intereses. Esto se acelera aún más si tiene sus documentos en su lugar, ya que su préstamo puede ser aprobado en tan solo una semana.

¿Cómo obtener un préstamo de dinero en efectivo?

Empiece por reunir toda la documentación relacionada con la propiedad. Esto incluye sus finanzas actuales, el valor de la propiedad, investigación, cálculos en términos de reparaciones y sus expectativas de ganancias. Los prestamistas le pedirán documentación y podrían preguntarle sobre su historial personal como inversionista. ¡Responda a las preguntas honestamente! Si nunca ha cambiado una propiedad, dígale que esta es su primera vez cambiando una casa. Preparar la documentación y obtener la aprobación toma la mayor parte del tiempo - asegúrese de estar preparado con anticipación.

¿Cuáles son las tasas de interés?

Las tasas de interés en los préstamos de dinero en efectivo son en promedio un 4% más altas que en los préstamos bancarios regulares - esto es en realidad mucho teniendo en cuenta la velocidad y los bajos estándares personales que imponen para solicitar un préstamo. En esencia, usted está pagando una prima del 4-5% sobre el interés para un acceso más rápido al capital que le permite financiar múltiples propiedades a la vez. Las solicitudes también requieren mucha menos suscripción. La atención se centra en la propiedad en sí: Si usted puede probar que la propiedad será rentable para los prestamistas, ellos le asegurarán un préstamo.

¿Es el proceso mucho más rápido? ¿Por qué pagar un 4% más de interés cuando puede esperar un préstamo bancario? La respuesta es simple: Si quieres velocidad, pagas una prima por el privilegio. Los bancos son instituciones confiables para financiar propiedades, pero los bancos analizarán su historial de crédito y la aprobación promedio para un préstamo bancario es de 45 días (cerca de 2 meses). Si usted puede esperar 2 meses para que un préstamo sea aprobado, usted debe optar por las tasas de interés más bajas de un banco. En esencia, los bancos son mejores para las personas que tienen excelentes calificaciones crediticias y planean vender muy pocas propiedades cada año. Los préstamos de dinero en efectivo son para las personas que quieren cambiar una docena de propiedades cada año y no quieren esperar meses para la aprobación de cada préstamo.

La mayor ventaja de los préstamos "Cambiar y Accionar" es que los prestamistas entienden al comprador. Los prestamistas saben que la esencia del cambio de casa es el activo en sí mismo e invierten basándose en el acuerdo, no en quién es usted y cómo su divorcio anterior lo llevó a la bancarrota. Si usted presenta una gran cantidad, como una propiedad que se puede arreglar y que requiere pocas renovaciones, pero que tiene potencial de venta, está casi garantizado que recibirá un préstamo de dinero en efectivo. Si usted tiene experiencia previa cambiando propiedades, sus préstamos podrían ser aprobados en menos de una semana.

Cambiando Casas Sin Dinero, Usando Inversionistas Privados

¿Tiene miedo de acercarse a los financieros que financian su propiedad? No se preocupe - le enseñaremos cómo localizar prestamistas privados para financiar su propiedad. Los préstamos privados son, en esencia, para llegar a las personas que tienen dinero para financiar su inversión cuando usted no tiene dinero. Un prestamista privado podría ser técnicamente su pariente o su suegro. Sin embargo, en la mayoría de los casos, los prestamistas privados son empresarios establecidos que invierten sus activos en inversiones locales de alto riesgo. Los prestamistas privados son socios individuales que financian la venta de una propiedad - este tipo de préstamo es similar a los préstamos "Cambiar y Accionar" pero usted trata con individuos en persona en lugar de con instituciones financieras.

Los préstamos privados son una forma de obtener capital de individuos que se especializan en prestar al comprador. Los prestamistas que financian propiedades tienden a ser personas ricas y establecidas a las que usted puede llegar y obtener fondos en persona. ¿Qué ganan con eso? Reciben una parte al final de cada tirón, y su parte suele ser mayor que la de los préstamos bancarios. Los prestamistas privados no se preocupan por su puntaje de crédito, pero quieren que usted tenga un historial de cambio de propiedades antes de que le escriban un cheque de 6 dígitos para su cambio más reciente. Para asegurar su inversión, los prestamistas hacen que los compradores firmen un acuerdo de "primera escritura de fideicomiso" (hipoteca) que significa que su dinero está garantizado por un activo duro (la propiedad comprada).

¿Quién califica para un préstamo privado?

Cada individuo que quiera vender una propiedad puede solicitar un préstamo privado a los inversores. No hay finanzas mínimas o puntajes de crédito mínimos requeridos. Sin embargo, para conseguir un inversor, el principal "calificador" para usted sería su experiencia pasada y su historial. Tratar con prestamistas privados solo se recomienda para las personas que han vendido al menos una propiedad, porque muchos de ellos no se comprometen con los principiantes. Quieren saber que su inversión es segura antes de que hagan un pago de seis cifras por su nueva propiedad. Sus posibilidades de tener éxito con los prestamistas privados serán exponencialmente más altas si tiene un historial de inversión de propiedades en el pasado.

Consejo profesional: Comience con un préstamo bancario regular y cambie su primera propiedad usando préstamos bancarios de bajo riesgo. Una vez que haya vendido su primera propiedad, la mayoría de los prestamistas y prestamistas de dinero privado aprobarán sus préstamos. Entonces podrá cambiar múltiples propiedades al mismo tiempo (ya que tiene un "historial" de cambiar propiedades).

¿Qué son los prestamistas privados?

Los prestamistas privados no siempre son personas ricas jubiladas que usted conoce en el Country Club - ahora puede encontrar prestamistas privados en LinkedIn. Los prestamistas privados también pueden ser "grupos de inversión" o "grupos de socios" que financian transacciones de bienes raíces; esto dependerá de las opciones financieras disponibles en su ciudad o estado. En la mayoría de los casos, los prestamistas privados proporcionan financiación directa: Cualquiera que sea la cantidad que usted estime que necesitará para los costos de adquisición y reparación, ellos lo financiarán. Sin embargo, también recogen su parte, que usted tendrá que negociar al principio. La principal ventaja de los prestamistas privados es que muchas veces ni siquiera le piden un pago inicial, sino que solo confían en los compradores con antecedentes.

¿Cómo obtener un préstamo privado?

Aquí es donde la parte divertida entra en juego - ni siquiera necesita un pago inicial con prestamistas privados. Es posible combinar dos fuentes de financiación: Uno que financiará el precio de compra/reparación (pero pide un pago inicial) y otro prestamista que financiará el pago inicial del préstamo original. Es posible obtener financiamiento de dos prestamistas que financiarán su negocio, y al final de la venta distribuir las ganancias equitativamente y en consecuencia a cada inversionista. Lo que tienes es "equidad de sudor": Usted identifica un negocio inmobiliario atractivo y lleva a cabo el proceso de rehabilitación y venta por su cuenta. Los prestamistas utilizan sus recursos para financiar su compra.

Los préstamos privados pueden funcionar de múltiples maneras, sin embargo, los dos más comunes son los siguientes:

1) Dos socios se unen: Uno se encarga de la financiación (suministra la financiación) y el otro descubre un acuerdo, realiza reparaciones y vende la propiedad.

2) Tres socios se unen: Uno maneja el financiamiento, el otro maneja el pago inicial para el financiamiento y el tercero (usted) maneja la propiedad.

Cómo encontrar inversionistas privados calificados

Para que las transacciones privadas funcionen sin problemas, deberá identificar si la persona con la que está haciendo negocios está calificada para proporcionar el financiamiento para su inversión. Los siguientes 3 rasgos son los que separan a los buenos inversores de los malos inversores:

Genera ingresos pasivos rentando propiedades

1. Acceso a la riqueza/recursos. Un prestamista privado tiene que ser un individuo rico que invierte en muchos compradores como usted, y esta no debería ser su primera inversión. El perfil de los prestamistas privados suele ser el de los propietarios de empresas de mediana edad o de mayor edad.

2. Comunicaciones transparentes. Los prestamistas privados estarán ansiosos por discutir los detalles de la adquisición y todos los costos de construcción/reparación, incluyendo el precio final de venta. Ellos serán transparentes sobre la compra y le dirán exactamente cuánto pueden financiar y cuál es su parte al final.

3. Separación de roles. El inversionista tiene que darse cuenta de la equidad de su sudor y la cantidad de esfuerzo / trabajo que usted pone en la propiedad - de esta manera no hay confusión en cuanto al alcance del trabajo involucrado o cuánto se merece al final de la venta.

Hay muchas formas de obtener prestamistas privados, pero la mejor manera de comenzar es encontrar prestamistas ubicados en su área.

Cómo investigar a los prestamistas en su área

La mejor manera de empezar es trabajando en red: Asistir a eventos y seminarios inmobiliarios y conocer gente en "el negocio". Ellos podrán ponerlo en contacto con los inversionistas y usted podrá conocerlos en persona en estos eventos. Sin embargo, si no tiene tiempo para hacer contactos o no sabe cómo hacerlo, también puede buscar en los registros locales del condado de todas las propiedades que incluirán la tasa de interés cerrada, el interés y los datos de contacto del prestamista. Busque quién prestó en su vecindario en los últimos 3-6 meses, ya que es probable que esos prestamistas estén activos en el mercado.

Una vez que haya acumulado una lista de inversionistas/prestamistas, debe comunicarse directamente con ellos. La mayoría de los prestamistas dejan su correo electrónico, pero usted puede causar una impresión más fuerte llamándolos y ofreciéndoles un trato.

Ejemplo: "Hola, ¿hablo con el prestamista [nombre]? Mi nombre es [su nombre] y veo que ha prestado dinero para este proyecto en la calle 94, Nashville. Mi empresa realiza proyectos de reparación y lo llamo para ver si está interesado en alguna de estas ofertas".

No hay reglas en cuanto a cómo se supone que la conversación debe fluir - se trata de su relación personal con el prestamista. La opción más sabia es hablar de cómo se Cambiaron las casas en el pasado para que el inversionista se sienta cómodo con la forma en que usted hace negocios. Haga todo lo que pueda para establecer una buena relación y hacer que se sientan cómodos discutiendo sus proyectos, el alcance de los negocios que hacen, su ciudad, su familia o incluso los deportes. Cuanto más se sientan cómodos con usted como persona, más dispuestos estarán a financiar sus proyectos.

Capítulo 4 - Elección de la propiedad adecuada

Factores Clave Para Elegir El Lugar Adecuado

¡Lugar! La gente prefiere invertir $250,000 en una casa en un buen vecindario que gastar $150,000 en una casa en un mal vecindario (¡incluso si pueden permitirse ambos!). ¿Alguna vez ha conducido hasta la casa de un amigo y ha pensado: "¿Vaya, esta es una buena zona"? Si los caminos están en buen estado, las casas parecen mantenidas y hay lugares cercanos, se asume que es un vecindario bueno y seguro. ¿Cómo se siente cuando pasa por un vecindario con malas casas, caminos de chabolas llenos de baches, luces de calle sin luz y tiendas de conveniencia a prueba de balas? ¡Inmediatamente quieres salir! Cambiar la casa no se trata de elegir el primer "trato" de $30,000 que se te presente. Ciertos vecindarios siempre tienen valores bajos de propiedad por una razón y son mucho más propensos al crimen. Una vez que llegue a la ubicación de su cambio y obtenga un gusto personal del vecindario, podrá identificar inmediatamente la clase de vecindario que es. Esta es la razón por la que siempre debe investigar las propiedades visitándolas en lugar de confiar en la investigación en línea.

Clases de vecindarios

Hay 4 clases de vecindarios en bienes raíces: Clase A, clase B, clase C y clase D. Similar a un sistema de clasificación escolar, en los vecindarios de bienes raíces la clasificación se basa en el valor de la propiedad, la ubicación y la condición general. Piénsalo de esta manera: Los vecindarios más deseables son los de clase A. Los menos deseables son los vecindarios de clase D, y la clase D incluye propiedades abandonadas.

Los vecindarios Clase A son el tipo de casas en las que toda familia desea vivir: Son la personificación del Sueño Americano. Los vecindarios de clase B y C son más o menos "promedio": Clase B/C son un poco anticuados, muchos de ellos están en mal estado, pero en general son seguros y habitables. Los vecindarios de clase D están llenos de delincuencia, las casas están en mal estado y tienen un valor bajo de propiedad. Evitamos los vecindarios de clase D con el propósito de Cambiar la casa porque incluso una propiedad renovada en esos vecindarios puede permanecer en el mercado por mucho tiempo. Con el propósito de maximizar las ganancias, nos enfocamos en los vecindarios de clase B y clase C donde podemos adquirir propiedades en las zonas bajas y renovarlas.

Consejo profesional: no existe una organización gubernamental que clasifique "oficialmente" los barrios. Debe diferenciar las clases según su propio conocimiento e intuición.

1) Vecindarios de Clase A

Los vecindarios Clase A son nuevos vecindarios ricos y seguros. Entre ellas se encuentran las mansiones de "élite" y las comunidades de alta sociedad, pero también se incluyen desarrollos muy novedosos. ¿Ha pasado por un nuevo y brillante suburbio que tiene propiedades completamente nuevas, acceso a buenas escuelas, patrullas de seguridad, restaurantes y otros servicios de primera clase? Ese es el típico barrio de clase A. Muchos de ellos son nuevos y construidos en los últimos 10 años, por lo que el mantenimiento es muy bajo y el valor de la propiedad por pie cuadrado es el más alto. Típicamente los interiores consisten en amenidades de alta tecnología como encimeras de granito, cortinas "inteligentes", pisos de madera, acabados caros y piscinas. Los vecindarios de clase A hacen buenas inversiones de alquiler, pero no son los mejores para invertir porque muchos de ellos ya están "renovados" y el comprador tendrá que gastar mucho dinero para mejorar esas casas.

2) Vecindarios de Clase B

La clase B es en realidad similar a la clase A - Las casas de clase B tienen las mismas comodidades e infraestructura de alta calidad, pero tienden a ser más viejas. Los vecindarios Clase B son seguros con acceso a buenas escuelas, hospitales y opciones de compras. Los vecindarios Clase B son típicamente poblados por ciudadanos de ingresos medios y tienen muy pocos ciudadanos que luchan y viven de cheque en cheque. La casa típica de un barrio clase B tiene 30 años y está en buen estado. Si se requieren reparaciones, éstas serán típicamente más bajas que las de los vecindarios Clase C y D. En esencia, un vecindario clase B es una versión un poco más antigua y degradada de un vecindario clase A.

3) Vecindarios de Clase C

Los vecindarios Clase C son vecindarios de bajos ingresos donde la infraestructura tiende a ser anticuada, las casas son viejas y están en mal estado y los residentes son típicamente de bajos ingresos. Muchos residentes de los vecindarios de clase C estarán recibiendo subsidios del gobierno y luchando por salir adelante. Los vecindarios Clase C no son tan inseguros como los vecindarios Clase D, pero su seguridad es mucho peor en comparación con los vecindarios Clase A y B de primera clase. Las señales típicas de un vecindario de clase C incluyen mal mantenimiento del césped, seguridad adicional alrededor de las casas, casas de empeño, tiendas de licores, negocios de cheques en efectivo, tiendas de armas, etc. La mayoría de las casas en los vecindarios de clase C tienen por lo menos 30+ años y pueden tener más de 50 años. Necesitarán reparaciones importantes, pero la diferencia de precio entre estas casas y las casas de Clase B puede ser significativa y vale la pena dar la vuelta.

4) Vecindarios de Clase D

Los vecindarios de clase D no existen en todas las ciudades, pero son fáciles de reconocer: edificios abandonados, infraestructura antigua en descomposición, calles sin luz, presencia de pandillas, venta visible de drogas y presencia policial constante. En muchos casos, la policía tiene miedo de entrar en los vecindarios de clase D por sí misma. Incluso la infraestructura pública, como las escuelas, puede ser abandonada con ocupantes ilegales dentro y todas las tiendas de conveniencia que funcionan tienen ventanas a prueba de balas y empleados armados que trabajan detrás de un vidrio de 3 pies. En muchos casos, los vecindarios de clase D deben evitarse incluso si son extraordinariamente baratos. Una vez realizadas las reformas, será más difícil vender o incluso alquilar la propiedad porque se encuentra en una zona peligrosa. A menos que usted se especialice en Cambiar propiedades de clase D y no se sienta amenazado por las áreas, generalmente debe evitar Cambiar propiedades en tales lugares.

Factores que aumentan el valor de la propiedad

Las siguientes cosas deben ser revisadas en su lista para asegurar que la propiedad que cambié tenga un alto valor de reventa:

✓**Parqueos / espacios verdes**. Si la propiedad está ubicada cerca de un parque o un espacio verde como bosques / senderos para caminatas, esto puede aumentar el valor de la propiedad hasta en un 20%.

✓ **Distritos escolares**. Si la propiedad está ubicada en un buen distrito escolar público, esto puede aumentar el valor de la propiedad en un 20%. Los compradores encuestados dicen que pagarían hasta un 20% por una casa en un buen distrito escolar.

✓**Instalaciones médicas.** Si la propiedad está ubicada cerca de hospitales, esto aumentará el valor de la propiedad.

✓**Niveles de mantenimiento.** El nivel de mantenimiento del vecindario, como el estado de la carretera, las aceras, las luces de la calle, la limpieza, los patios mantenidos, etc., pueden aumentar significativamente el valor de la propiedad. En las comunidades HOA, esto lo maneja una sola institución y los residentes solo pagan tarifas mensuales. ✓**Recreación / compras.** Si la propiedad está ubicada cerca de restaurantes, centros comerciales, centros de recreación y otras opciones de entretenimiento, esto aumentará el valor de la propiedad.

✓**Transitable.** Si la casa está ubicada en un área transitable donde los clientes pueden caminar a tiendas de conveniencia, esto aumenta el valor de la propiedad. Si se requiere un automóvil para un viaje a la tienda, esto puede afectar negativamente el valor de la propiedad.

✓**Transporte público (solo para zonas urbanas).** En las zonas urbanas, el acceso al transporte público, como las paradas de autobús y las estaciones de metro, puede aumentar el valor de la propiedad.

Factores que disminuyen el valor de la propiedad

¿Qué son los asesinos de valor "ocultos" que los vendedores no anuncian en los anuncios de los agentes de bienes raíces? ¿Qué pasa si ves un trato épico y estás listo para dar un pago inicial, solo para saber que hay una razón por la que es tan barato? Las siguientes cosas pueden disminuir el valor de la propiedad significativamente:

✘**Aeropuerto.** Si la propiedad está situada al lado de un aeropuerto, tendrá ruido constante de aviones despegando y aterrizando. Los aviones son máquinas de ruido y los vuelos suelen aterrizar 24 horas al día, 7 días a la semana, lo que hace imposible el descanso.

✘Estación de tren / estación de metro. Los trenes producen un ruido chirriante y si una propiedad se encuentra cerca de una estación de tren o de metro, los propietarios podrán escuchar los trenes que pasan durante todo el día.

✘Departamento de bomberos / PD. Si la propiedad se encuentra cerca de un departamento de bomberos o de una estación de policía, ellos serán testigos de la actividad y patrullarán los autos haciendo ruido las 24 horas del día - esto disminuye el valor de una propiedad.

✘Carreteras cercanas. Si la propiedad está ubicada al lado de una carretera principal, los autos que pasan producirán ruido las 24 horas del día, los 7 días de la semana, lo que disminuye la calidad de vida de los residentes. Muchos gobiernos locales colocan barreras contra el ruido en las carreteras, pero eso no suele bloquear todo el ruido.

✘Establecimientos de vida nocturna. Si la propiedad está ubicada cerca de establecimientos de vida nocturna como clubes/bares, esto puede afectar la calidad de vida de los residentes y reducir el valor de la propiedad.

La contaminación acústica es el asesino número uno de los precios de las propiedades porque disminuye la calidad de vida de las personas que viven en casas cercanas a establecimientos ruidosos.

¡Tome Acción - Visite la Propiedad!

Cuando usted investiga su vecindario, los datos en línea no lo cortan - usted debe visitar la propiedad usted mismo. ¡No se limite a conducir hasta la propiedad con prisa! Da una vuelta por la calle y analiza las calles cercanas. ¿Se siente seguro el vecindario, hay gente caminando, hay niños jugando libremente, las luces de la calle funcionan, el césped está cortado, las casas están en buen estado, hay escuelas y servicios locales? Estas son todas las cosas que usted descubrirá en menos de una hora de observar un vecindario. Le dará la última tranquilidad que necesita antes de hacer un pago inicial de la casa.

Características A Buscar Y Características A Evitar En La Propiedad

¿Cuál es la diferencia entre comprar una propiedad barata y renovarla frente a comprar una propiedad de precio normal y renovarla? ¿Está cayendo en la tentación de comprar la primera casa de 30.000 dólares que ve en su ciudad? El precio no puede compensar las cosas que no se pueden arreglar - es importante analizar primero las características. Así es como la mayoría de los principiantes se equivocan:

Expectativa: Usted comprará una casa de $30,000 y gastará $50,000 en renovarla y concluirá su primer giro. Ahora eres una persona muy rentable.

Realidad: Las reparaciones tardan demasiado, no se puede hacer nada sin un permiso, se espera a las reuniones de los inspectores, las reparaciones se retrasan y tardan una eternidad. ¡Pierde dinero!

¿Cómo identificar propiedades que toman pequeñas correcciones cosméticas que se pueden renovar en un mes, sin tener que esperar a las inspecciones, permisos y lidiar con otros obstáculos legales? Estas son cosas que debe tener en cuenta antes de comprar una propiedad. En general, quieres evitar proyectos que parecen demasiado "difíciles" para añadir o cambiar algo. Usted desea concentrarse en actualizaciones cosméticas simples. Si la propiedad está demasiado deteriorada, será imposible de arreglar a menos que usted pase meses en ella. Si la propiedad está en buen estado, usted puede salirse con la suya con tan solo unas pocas mejoras cosméticas como la pintura. Si la propiedad está en buen estado y tiene buenas características, le resultará fácil de arreglar y vender en el mercado. Si la propiedad es difícil de arreglar, será imposible de arreglar, perderá tiempo con los permisos y se quedará más tiempo en el mercado.

Consejo profesional: La regla de oro de la identificación de propiedades es encontrar propiedades "fáciles de fijar". Si una propiedad parece fácil de arreglar, usted debe arrebatársela al instante. Si la propiedad está demasiado lejos, busque mejores propiedades.

Factores que venden una propiedad

Las siguientes son las características más buscadas en una propiedad. Antes de poner un pago inicial en una casa, usted debe encontrar una que marque todas las casillas o que se acerque al ideal:

✓**Grandes dormitorios**. Las casas más vendidas son casas de 3 dormitorios. Es una típica casa americana. Busque una casa con un dormitorio principal grande que pueda albergar una cama king size y que tenga espacio para caminar alrededor de ella. Las habitaciones secundarias deben ser lo suficientemente grandes para acomodar una cama matrimonial o dos camas pequeñas. Lo primero que la gente busca es el número de dormitorios - cuantos más dormitorios tenga, mejor. Encuentre casas que tengan dormitorios principales espaciosos.

✓**Baños múltiples**. Como regla general, la casa debe tener por lo menos 1 baño por cada piso. Si tiene una casa de dos pisos y solo hay un dormitorio, siga adelante. Lo mismo ocurre con los cuartos de baño, cada piso debe tener un baño completo. Esto es valioso para las familias que tienen varios miembros. Si una casa tiene más baños, el propietario podrá organizar fiestas y cuando su casa esté "llena" necesitará varios baños. ¿Te preguntas por qué las mansiones grandes tienen 10-15 baños? Necesitan el espacio para fiestas donde 200-300 personas se reúnen en la mansión a la vez.

✓ **Diseño navegable.** Si usted entra en la casa y tiene un baño frente a usted, no tendrá una buena impresión de un hogar. La casa tiene que sentirse "abierta" y fácil de navegar sin espacios estrechos. Un mal diseño puede ser arreglado si usted contrata a contratistas para que derriben las paredes, pero la propiedad ideal es aquella que no necesita que se derriben las paredes. Los diseños populares incluyen diseños de "cocina abierta" que tienen un *minibar* conectado a la sala de estar. Esto hace que sea fácil de entretener.

✓ **Espacio de garaje.** Ni que decir tiene que una casa debe tener al menos un garaje para 1 coche para aparcar el coche - a la gente no le gusta aparcar delante de su casa a menos que tengan que hacerlo. El garaje ideal es un garaje para dos autos. A menos que vaya a una propiedad de lujo, no hay necesidad de actualizar el garaje por más de 2 espacios.

Factores que retrasan la venta de una propiedad

Muchas cosas pueden salir mal con su propiedad: Usted tiene que hacer renovaciones extensivas que pueden consumir mucho tiempo y ser costosas. Esto perjudicará su presupuesto y prolongará el tiempo que necesita hasta que se lleve a cabo una renovación completa. El consejo local puede requerir permisos para algunas renovaciones que usted tiene que hacer - esto significará que los inspectores lleguen a su propiedad, revisen sus renovaciones, expidan permisos que pueden tardar una eternidad y luego demoren las reparaciones. Esto perjudicará su balance final y le costará una fortuna. ¿Cómo evitar eso? Busque las siguientes señales que dificultan las renovaciones y la venta de casas:

✘**Problemas estructurales**. ¿El techo de la casa es inestable y necesitará ser reemplazado? ¿Hay agujeros en los cimientos de la casa? ¿Los pisos son irregulares? ¿Hay grietas por todas partes? Todo esto requerirá mucho tiempo y contratistas experimentados para arreglarlo. Si la casa tiene problemas estructurales - deshágase de ella.

✘**Diseños obsoletos**. Muchas de las casas que fueron construidas para las generaciones más antiguas son indeseables para las actuales. **Ejemplo**: Los techos bajos son indeseables y los techos altos de más de 9 pies son ahora deseables. ¡Las cocinas estrechas no son aceptadas! El americano moderno quiere una cocina amplia donde puedan moverse libremente y cocinar su cena. Cualquier espacio cerrado, paredes bajas y techos serán difíciles de vender.

✘ **Relaciones desiguales cama/baño**. Si la casa tiene 4 dormitorios, pero solo 1 baño, esto significa que la casa no fue diseñada cuidadosamente. Busque casas que tengan por lo menos 1 baño por cada 2 dormitorios. Si usted compra una casa de 4 dormitorios, debe tener por lo menos 2 baños o 1.5 baños si se compromete. La relación dormitorio-baño debe ser uniforme y no sesgada a favor de los dormitorios.

✘ **Habitaciones inaccesibles**. Las casas con malos diseños se cerrarán, es decir, no podrá ingresar a una habitación sin ingresar a otra. La casa ideal tiene habitaciones "abiertas" a las que se puede acceder desde los vestíbulos principales. **Ejemplo**: El baño principal solo es accesible a través del dormitorio principal. Esto significa que todos los que quieran ir al baño tendrán que entrar al dormitorio primero. Este es un mal diseño.

Reparaciones "fáciles" que aumentan el valor de la propiedad

¿Desea realizar actualizaciones con las que no pueda equivocarse? Hay mejoras para todos los niveles - un nuevo baño podría costar $10,000. Un cambio en el sistema de iluminación solo puede costar $1000. Todas las reparaciones dependen de lo que intentes arreglar. En general, usted quiere centrarse en reparaciones cosméticas para aumentar el valor de la propiedad. Si su enfoque es en reparaciones estructurales, usted gastará más de la cuenta y todo su presupuesto se destinará a solucionar problemas que no existen en propiedades normales. Las siguientes reparaciones pueden cosechar recompensas financieras masivas:

✓**Trabajos de pintura**. La solución para cada propiedad es un nuevo trabajo de pintura. Algunos trabajos de pintura serán fáciles, pero otros pueden resultar costosos dependiendo del estado de las paredes. Empiece pintando las paredes en colores neutros como el blanco o el gris. La pintura cubrirá cualquier mancha o parcheo en las paredes. Esta es la actualización más fácil para cada propiedad que puede aumentar el valor de la propiedad. La pintura exterior dependerá de lo que sea adecuado para la propiedad y el vecindario: Los colores neutros son un punto de partida para exteriores.

✓**Nuevos pisos y alfombras**. Cada piso de la casa puede ser reemplazado por un nuevo y moderno piso de madera. Esto puede ser una actualización costosa, pero puede hacer una diferencia significativa en la impresión que la gente tiene de una propiedad. Las alfombras nuevas también pueden añadir una sensación de "Premium" a la propiedad, y muchas de ellas son asequibles. Las alfombras deben ser de color neutro, ya que las alfombras muy claras (por ejemplo, las alfombras blancas) atraen la suciedad y la hacen visible.

✓**Accesorios de luces y ventiladores de techo**. Los ventiladores de techo son muy deseables y aumentan el valor de una propiedad - casi el 90% de las personas quieren un ventilador de techo en su casa. Las luminarias pueden ser actualizadas a modernas luminarias LED que operan con control "inteligente" y pueden establecer la vibración del ambiente para la relajación. Las actualizaciones sencillas de la luz pueden hacer que el hogar se sienta moderno y elegante.

✓ **Actualizaciones interiores.** El interior puede cambiar la percepción que una persona tiene de una casa. Las mejoras interiores, como los muebles modernos, pueden traer un hogar anticuado al siglo XXI. Interiores populares incluyen sofás minimalistas, mesas de cristal/madera, pantallas de plasma y muchos interiores vienen en un "paquete" que le ayuda a renovar la propiedad a la vez eligiendo el más adecuado.

✓**Actualización de infraestructura.** La infraestructura de la casa, como las instalaciones de fontanería que son visibles, se puede actualizar a otras más nuevas a un bajo costo. Los nuevos accesorios de plomería tienen acabados modernos que se ven muy bien y agregan una sensación de "hogar limpio".

✓**Actualizaciones del paisaje** El exterior de la casa puede mejorar el "atractivo de la acera" (la primera impresión que la gente se lleva al pasar por la casa). Esto incluye la reparación de un césped desigual o más verde, la adición de macetas, el lavado eléctrico de toda la casa, la mejora de la puerta de entrada, etc. El ajardinar mejorará el atractivo de una casa para los cuadros, haciéndola más lujosa y de mejor calidad.

✓**Mejoras de baño y cocina.** Estas son las mejoras más caras, ya que estas dos requieren un tratamiento especial en comparación con las salas de estar y los dormitorios. La mayoría de los clientes esperan electrodomésticos de cocina de acero inoxidable: frigoríficos, estufas, microondas, licuadoras, etc. Las actualizaciones simples como las "neveras inteligentes" pueden costar miles de dólares. Los ascensos de clase que elija deben establecerse en función de su presupuesto.

✓**Mejora de ventanas**. Si las ventanas están anticuadas, reemplazarlas con ventanas nuevas puede mejorar la estética de la casa. Las ventanas nuevas también pueden aumentar la eficiencia energética de la casa, preservando el calor en el invierno y manteniendo la casa fresca en el verano.

Reglas De Oro Para Elegir Una Propiedad

Usted tiene $150,000 para invertir y su ciudad tiene cientos de casas para comprar. Incluso después de reducir su búsqueda a menos de $75.000 < propiedades que todavía puede elegir muchos. ¿Cómo elegir cuál es el correcto? ¿Cómo sabes qué casa se "Cambiará" de entre cientos de casas? ¡La clave para la selección es hacer sus cálculos por adelantado! Hay que tener en cuenta muchas cosas: vecindario, integridad estructural, precio de venta, costos de renovación, etc., ¡y hay que hacerlo todo de una vez! Muchas compradoras principiantes apenas consiguen beneficios o incluso pierden dinero en su primera compra, porque ignoran los cálculos previos necesarios para tener éxito en la compra de la casa. ¿Por qué pasaría semanas o meses trabajando con una propiedad solo para quedarse con una minúscula propiedad? Es posible estimar los márgenes de ganancia mucho antes de comprar una propiedad (a menos que esté comprando una casa embargada que no pueda ver).

Regla de Oro #1: La ubicación es el 50% de la inversión

En cada cambio de casa, la ubicación es el 50% del valor y la casa es el 50% del valor. La ubicación importa tanto como la casa en sí. Una propiedad puede estar en las peores condiciones: Atropellado, anticuado, inhabitable. Sin embargo, si la propiedad está ubicada en un área deseable (cerca de escuelas, restaurantes, centros comerciales y/o paisajes) alguien se la arrebatará basándose en ese hecho. La ubicación es la parte más vital de la investigación que tienes que hacer. Afortunadamente en estos tiempos podemos analizar casas en Google Street View sin tener que poner un pie en la propiedad real. La tecnología de mapeo y las herramientas en línea nos permiten reducir la lista de propiedades antes de visitarlas en persona.

Hay dos cosas que determinan una buena ubicación: Paisaje e infraestructura. Si la casa está situada cerca de una gran masa de agua, esto puede aumentar drásticamente el precio de la propiedad. Ejemplo: Una casa con vistas al mar en Malibú podría venderse por 8 millones de dólares y una casa con vistas a la carretera en el mismo vecindario podría venderse por 4 millones de dólares. Esto es a mitad de precio, solo porque uno proporciona una vista directa del océano. Cuanto más cerca esté la casa de los océanos, lagos y ríos, mayor será el valor de la propiedad. La gente prefiere casas bien iluminadas con vistas y acceso a la luz natural.

Si la casa tiene vistas a las montañas, las ciudades o el agua, tendrá precios más altos. Sin embargo, la mayoría de las casas están ubicadas en suburbios antiguos. En este caso, lo único que determina el valor de la vivienda es la infraestructura: Estado de las carreteras, calidad de construcción de las casas, niveles de mantenimiento, distritos escolares, instalaciones médicas, proximidad a los servicios y seguridad. Cuanto mejor sea el vecindario, más cara será la casa promedio. ¡Todas las propiedades se pueden cambiar! Las casas de un millón de dólares en las colinas y las casuchas en el gueto pueden ser derribadas con los mismos principios. ¡La casa que usted necesita es algo intermedio!

Regla de Oro #2) Elija la peor casa en el mejor vecindario Según lo que puede pagar, siempre opte por el vecindario de más alto nivel con las casas más nuevas. ¿Por qué enfocarse en los mejores vecindarios de su presupuesto? Ellos probablemente tendrán diseños más nuevos que son fáciles de actualizar e incluso la peor casa en un buen vecindario será mejor que una casa promedio en un mal vecindario. Los buenos vecindarios tendrán acceso a buenas escuelas, instalaciones médicas, restaurantes, centros comerciales, policía y policía, redes de carreteras y otros servicios de primera clase que contribuyen a una buena vida.

Consejo profesional: No importa cuánto dinero invierta en renovaciones, nunca cambiará la ubicación de la casa. Los compradores no quieren vivir en una zona de alta criminalidad. Escoja el mejor vecindario que pueda encontrar y compre una casa en ese vecindario según su presupuesto.

Regla de Oro #3) Compre Casas Cortadoras de Galletas

Siempre opte por las casas de corte de galletas de aspecto medio/neutral que pueda encontrar. ¿Por qué comprar esa propiedad "única"? Esto excluirá una gran parte de la cartera de clientes potenciales. Si algo se siente "raro" en una propiedad (por ejemplo, el techo tiene una marca de guitarra porque el propietario era guitarrista) y la propiedad se adaptó a las demandas de un propietario anterior, evítelo. La propiedad tiene que ser similar a las propiedades en el área inmediata. Una vez que los clientes visiten la propiedad, también podrán ver las propiedades al otro lado de la calle. Si notan que el tuyo sobresale, no lo comprarán. Aunque suene duro en la práctica, las casas de galletas se venden rápido. Busca la casa más común que puedas conseguir sin nada único al respecto y dale la vuelta a eso.

¡Lo mismo se aplica para sus vecinos de al lado! Asegúrese de que no haya llagas en los ojos en su área inmediata. Si a los compradores potenciales les gusta la casa, pero la casa de enfrente está en mal estado, se les pospondrá. ¿Su vecino tira basura frente a su casa? ¿Tienen sus coches aparcados por todo el césped? ¿Hay un bote gigante que sobresale de su garaje? El estado de la propiedad de su vecino puede afectar el valor de la suya. En esencia, usted necesita encontrar una casa "normal" en un vecindario "normal". Esto asegura que la casa atraerá al mayor número de clientes y no permanecerá en el mercado por mucho tiempo.

Regla de Oro #4: Evite las construcciones obsoletas

Recuerde el año 1978 - este es el año límite para cada propiedad que desea comprar. Todos los hogares antes de 1978 usaban pintura a base de plomo y la "*Environmental Protection Agency*" (Agencia de Protección Ambiental) de los Estados Unidos cambió las regulaciones de pintura en ese año, lo que significa que consideran la posibilidad de que todos los hogares construidos antes de 1978 todavía tengan pintura a base de plomo. En la práctica, el gobierno local lo acosará para obtener documentación sobre cada renovación una vez que programe las auditorías. Usted selecciona cuidadosamente las pinturas pre aprobadas para que esto aumente sus costos de construcción y haga que el procedimiento de aprobación lleve mucho tiempo. Existen ciertas "pautas" para todas las casas construidas antes de 1978 que imposibilitan la realización de simples arreglos cosméticos como trabajos de pintura. Además, el gobierno puede multar a los propietarios hasta $30,000 por no cumplir con esas regulaciones.

El diseño de las casas antiguas también es un factor decisivo para la mayoría de los nuevos compradores. **Ejemplo**: Muchas casas antiguas tienen habitaciones que conducen a otras habitaciones y algunas de ellas son inaccesibles desde el vestíbulo principal. Los nuevos compradores prefieren casas que tengan planos "abiertos" en los que cada habitación sea accesible independientemente de otras habitaciones y las cocinas abiertas también son populares. En el pasado, las áreas de cocina se cerraban con un espacio reducido. Las áreas actuales de la cocina están abiertas y/o adyacentes a la sala de estar para facilitar el entretenimiento.

Regla de Oro #5: Cambiar la casa en 3 meses o menos

Cuanto más tiempo pase en renovaciones, más dañará su billetera. Invierta en casas que demoren un máximo de 3 meses en Cambiar: 1 mes para el papeleo y la adquisición, 1 mes para las renovaciones y 1 mes para la Cambiar. Una vez que haya delimitado sus vecindarios, la selección debe depender de qué casa tardará menos tiempo en arreglarse. Si la casa parece que tardaría más de 1-2 meses en ser renovada, ¡olvídalo! Si usted puede renovar una casa en menos de un mes usando arreglos cosméticos simples (pintura, decoración interior, jardinería, etc.), vaya por ello. Si la casa tiene problemas estructurales, cada problema podría tomar un mes por sí solo. Como un comprador que desea entrar y salir de ofertas tan rápido como sea posible, lo que le deja con un beneficio considerable en cada tirón.

Cuanto más tiempo permanezca su casa en el mercado, más dinero tendrá que gastar en HOA, seguros, servicios públicos, impuestos a la propiedad, jardinería y/o cuotas de adquisición. Las casas de menos de 2000 pies cuadrados son las más fáciles de renovar porque solo se renuevan 2-3 habitaciones a la vez. Si la casa es grande, las reparaciones tardarán más tiempo y son más extensas, incluso si solo está haciendo reparaciones cosméticas menores.

Cómo Calcular Su Ganancia Neta

La ganancia bruta promedio para un cambio de casa en los Estados Unidos es de $60,000 - esto es antes de que el Tío Sam se lleve a casa sus impuestos sobre los ingresos y los impuestos sobre las ganancias de capital se aplican a los activos que ha tenido por menos de un año.

Para calcular el beneficio neto de cada comprador, se deben contabilizar todos los costes de adquisición: La compra de la propiedad, la renovación, los costos de transporte (impuestos de propiedad, seguros, HOA, servicios públicos, mantenimiento del paisaje, costos de cierre/costos de agente inmobiliario) y luego hacer un depósito en una propiedad. Luego, usted tiene que calcular sus propios impuestos individuales basados en su estado y los niveles de ingresos que debe calcular por su cuenta. Para el propósito de esta demostración, tomaremos un giro promedio de la casa y calcularemos todos los costos importantes mientras explicamos lo que significa cada costo.

La elaboración de un presupuesto es esencial para darle la vuelta a la casa con éxito. La ganancia "neta" en el cambio de casa se refiere a la ganancia final que usted obtiene después de que la propiedad es vendida - no a los impuestos sobre la renta que siguen. Por ejemplo, si su beneficio al final de la venta es de 40.000 dólares, se considera su "beneficio neto". Es el dinero que le queda después de restar todos los gastos de renovación, los gastos de transporte y los honorarios de los agentes de bienes raíces.

La hoja de cálculo de costos

- **Costos de la propiedad**. Este es el costo más alto: en muchos casos, el precio de adquisición de la propiedad será del 60-70% de su presupuesto total, dependiendo de las renovaciones que desee realizar. Puede reducir su precio de compra buscando ofertas y ejecuciones hipotecarias en su área inmediata. Una vez que los bancos cierran una propiedad, quieren "deshacerse de ella" rápidamente y venden por debajo del valor de mercado. Cuanto menos gastes en la propiedad, más dinero te quedará al final.
- **Costos de renovación**. Esto incluirá todas las renovaciones que usted quiera hacer: trabajos de pintura, mejoras interiores, derribo

de paredes, mejoras exteriores/paisajísticas y más. Los costes de renovación incluyen los materiales necesarios, los costes de mano de obra y todos los demás recargos que puedan surgir.

- **Costos de mantenimiento**. Los costos de mantenimiento a veces se denominan costos de "transporte" porque uno tiene que pagar el mantenimiento mensual de la propiedad, incluyendo la hipoteca, los servicios públicos, los seguros, la HOA y los impuestos a la propiedad. Cuanto más tiempo permanezca su propiedad en el mercado, más tendrá que pagar en gastos de mantenimiento.
- **Honorarios de los agentes de bienes raíces**. Los agentes inmobiliarios se encargan de la fotografía, la comercialización y el listado de la propiedad. También se reúnen con los clientes de primera mano y venden la propiedad en persona. Los agentes de bienes raíces típicamente cobran 5% pero muchos aceptan 4% si usted negocia. Si se salta los agentes de bienes raíces, tendrá que vender la propiedad usted mismo.

Cómo calcular sus ganancias netas

Utilizamos las matemáticas para estimar las ganancias netas una vez que se vende la propiedad. Para el propósito de esta demostración, analizaremos una propiedad de clase B que queremos vender por $140,000.

Precio de la propiedad: $85,000

Gastos de renovación: $15,000

Compra de los costos de cierre: $1,000

Costos de venta de cierre: $5,000

Impuestos: $1,000

La fórmula:85,000 dólares (adquisición de bienes) + 22,000 dólares (renovaciones + tasas) = 33,000 dólares

GANANCIA NETA: $33,000

Una vez que tomamos el precio de venta final de $140,000 y restamos nuestros costos totales, terminamos con una ganancia neta de $33,000. La cifra de $33,000 es la ganancia neta que le queda al final de cada venta. **Nota**: Hay costos de compra separados al principio que incluyen cargos de agente de bienes raíces en su parte. También hay cargos de cierre al final que incluyen los honorarios de su agente de bienes raíces y los honorarios del agente de bienes raíces del comprador. Si estimamos un presupuesto moderado de $15,000 para mejoras cosméticas, esto equivale a $33,000 en ganancias puras.

El IRS cobra los impuestos de su cambio de forma individual que tendrá que pagar al final de cada año fiscal, pero es imposible calcularlo por adelantado porque si su objetivo es Cambiar 3-4 propiedades al año, se le cobrarán impuestos sobre las ganancias combinadas de sus cambios. La mayoría de los cambios de casa se gravan bajo los impuestos de "ganancias de capital", que es una subcategoría de impuestos sobre la renta que se aplica una vez que alguien vende un activo. Por ejemplo, si una persona hereda una propiedad de $2 millones y decide venderla, el IRS cobrará el impuesto sobre las ganancias de capital sobre la venta. Si alguien vende un negocio, también se aplican los impuestos sobre las ganancias de capital. Lo mismo se aplica a sus ganancias combinadas. Las personas que cambian casas pagan impuestos de "ganancias de capital a corto plazo" por los activos que han mantenido durante menos de un año. Los impuestos sobre las ganancias de capital a corto plazo son casi un 100% más altos que los impuestos sobre las ganancias de capital a largo plazo (activos que ha mantenido durante más de un año). El nivel impositivo más bajo de las ganancias de capital es del

Genera ingresos pasivos rentando propiedades

10% para las ganancias por debajo de $ 10,000 y aumenta progresivamente hasta el 37% en las ganancias superiores a $ 500,000. Una vez que haya calculado sus ganancias totales para el año, puede calcular sus ganancias netas en función del tramo impositivo y las ganancias totales.

Capítulo 5 - Todo se trata del valor

Las 4 Mejores Renovaciones Para Aumentar El Valor

El número mágico para renovar bienes raíces es de $40,000 - si tiene $40,000 para gastar, puede instalar baños, cocinas y renovaciones exteriores de la más alta calidad. Usted puede renovar la casa por la mitad del precio a $20,000 o incluso menos - $10,000 si es cuidadoso y hace muchas cosas usted mismo. Los dos mayores impulsores de valor para una casa son la cocina y el baño. Solo esos dos pueden aumentar el valor de una casa en 50.000-100.000 dólares. ¡Estamos hablando de grandes revanchas ahora! Las grandes reformas son las que más cuestan y pueden aumentar el valor de la vivienda de manera significativa. La cocina es el corazón de la casa y hacer pequeños ajustes en el área de la cocina puede aumentar significativamente el valor de la propiedad. Si esta es tu primera vez, concéntrate en los 3 grandes: cocina, baño y sala de estar. Hay muchas actualizaciones "pequeñas" que se pueden hacer, como trabajos de pintura, iluminación, jardinería, mejoras interiores, etc., pero la mayor parte del dinero se gasta en la cocina y el baño. Si usted compra un baño nuevo con los materiales de la más alta calidad, puede llegar a costar hasta $20,000 fácilmente. Hay maneras de reducirlo haciendo pequeñas actualizaciones (que resumiremos a continuación).

Hablemos de números: La cocina proporciona el mayor retorno de la inversión en términos de valor. Usted verá en promedio un retorno de su inversión en la cocina 3 veces mayor. **Ejemplo**: Si usted gasta $5,000 el comprador va a pensar que usted gastó $15,000. El baño también tiene un gran multiplicador. Por cada $5,000 que gaste en un baño, el comprador pensará que gastó $10,000. Si gasta $20,000 en un baño, el comprador pensará que gastó $40,000. La pintura tiene un impacto significativo en el retorno de la inversión. En promedio, por cada galón de pintura que gaste en la casa, verá un retorno de $1000. Si usted gasta 10 galones de pintura, el valor de la propiedad aumentará de $10,000. Hay pequeñas mejoras que se pueden hacer en el hogar, como actualizaciones de seguridad o dispositivos inteligentes, pero la mayor parte de su presupuesto se asignará a las grandes actualizaciones. Le mostraremos cómo gastar poco en esas grandes actualizaciones y qué actualizaciones de cocina/baño proporcionan el mayor retorno de la inversión (las que puede actualizar con un presupuesto). Nos centramos en las actualizaciones basadas en la demanda del mercado, y las siguientes actualizaciones son las más buscadas en el mercado inmobiliario de los Estados Unidos.

Teniendo esto en cuenta, las siguientes 4 mejoras aumentarán el valor de su propiedad significativamente:

Renovación #1) La cocina

La frase "La cocina es el corazón de la casa" es cierta: debe comenzar su renovación con la cocina. Las principales mejoras cosméticas que usted debe hacer son dentro de la cocina - si los mostradores son demasiado anticuados usted tiene que reemplazarlos o pintarlos. La gente analizará el estado de la cocina primero para tener una idea del estado del resto de la casa. Las familias pasan mucho tiempo en la cocina y los compradores tienen demandas muy específicas en cuanto a los servicios que requieren. La mayoría de la gente no desea jugar con las compras pequeñas y prefieren todo lo que se entrega pavo, por lo que esperan que usted les presente una cocina totalmente remodelada. La cocina debe tener los electrodomésticos más nuevos como refrigeradores, estufas de moda, fregaderos dobles, islas de cocina, microondas, lavavajillas y más. Cuanto más "modernos" sean sus electrodomésticos, más rápido se venderá la propiedad. Usted quiere que el comprador promedio se imagine despertando y tomando café en la encimera de la cocina. La cocina puede ser muy costosa ya que solo los electrodomésticos inteligentes pueden costar miles de dólares. Las cocinas de Turquía también son más caras que comprar electrodomésticos individualmente. Es por eso por lo que nos enfocamos en pequeñas mejoras que tienen un gran impacto en las renovaciones de cocinas.

➢ **Mejora de cocina #1:** doble lavabo

- **Costo promedio**: $100-$50

Reemplace el fregadero con un fregadero doble: Esta es una actualización barata y popular que es vista como esencial por la mayoría de los compradores de la generación milenaria y más joven. Las encuestas muestran que los compradores de ingresos medios requieren un fregadero doble como una necesidad y necesitan suficiente espacio para almacenar todas sus macetas y bolígrafos grandes. Cuanto más profundo sea el fregadero, más espacio tendrán, mejor. Apunte a un fregadero que va a contener salpicaduras y deje suficiente espacio para contener múltiples ollas, sartenes y platos grandes. El fregadero no tiene que ser extravagante: puede ser un fregadero simple, funcional y fácil de limpiar. Compre un fregadero con un toque moderno para añadir a la sensación de "Premium" de la cocina.

- **Mejora de cocina #2**: Isla de Cocina (Kitchen Island)
- **Costo promedio**: $200-500

La característica más buscada en las cocinas es una isla de cocina. Afortunadamente, las islas de la cocina son actualizaciones asequibles y se puede encontrar por menos de $ 500. Casi el 80% de todos los nuevos compradores de viviendas requieren una isla de cocina como elemento esencial, y la isla es sinónimo de cultura culinaria estadounidense. Las familias necesitan un espacio donde puedan trinchar sus alimentos, preparar café/almohadas, entretener a los huéspedes, hablar por la mañana y almacenar lo esencial. El fregadero de la cocina proporciona espacio adicional para comer a la mesa principal (¡característica muy deseable de la cocina!) y añade espacio de almacenamiento separado de la nevera principal. La cocina se centrará alrededor de la isla de la cocina y es posible que desee asignar más de su presupuesto en la isla, ya que establece el tono de la cocina. La mayoría de las islas de cocina son "prefabricadas", lo que significa que pueden caber en todos los espacios vacíos.

- **Mejora de Cocina #3**: Gabinetes de Pintura
- **Costo promedio**: $30-50/galón de pintura

¿Su propiedad viene con gabinetes de cocina viejos? Los gabinetes de reemplazo son asequibles, pero lo que es más asequible es pintarlos. Usted puede remodelar el ambiente de una cocina volviendo a pintar los viejos gabinetes oxidados con un simple pincel en menos de 1 hora. Si la habitación se siente demasiado "pequeña" y "oscura", esto puede ser el resultado de viejos gabinetes oscuros que necesitan refrescarse. La cura más rápida para una habitación oscura es brindarle vida a los colores comenzando con colores claros. Recomendamos una pintura neutra blanca o gris que creará la ilusión de espacio e iluminará la habitación. Estos colores neutros son acogedores y la pintura solo cuesta $30-50/galón. Los efectos en la cocina serán significativos y usted puede ahorrar dinero en lugar de reemplazar los gabinetes.

Renovación #2) El baño

El cuarto de baño proporciona un retorno de la inversión de 2 veces el promedio: Si usted invierte $15,000 en un baño, el comprador pensará que usted invirtió $30,000. Por ejemplo, usted puede instalar nuevos accesorios de tres luces por menos de $100 que le dan al baño una apariencia de hotel de cinco estrellas y el comprador pensará que usted invirtió miles de dólares en los accesorios de iluminación del baño. Un baño listo "llave en mano" puede costar decenas de miles de dólares. Para evitarlo, hay que remodelar los elementos esenciales más importantes de un cuarto de baño, como la cabina de ducha, los accesorios, los inodoros, el tocador y los cabezales de ducha. Estas actualizaciones son baratas y cuestan unos pocos cientos de dólares como máximo. Si usted combina las mejoras más esenciales, puede modernizar el cuarto de baño sin gastar demasiado. Concéntrate en los detalles: Compre mejoras modernas que le den al baño un nuevo comienzo. Las siguientes son las mejoras más esenciales que aumentan significativamente la perspectiva de un baño:

- **Mejora de cuarto de baño #1**: Accesorios (manijas, grifos y duchas)
- **Costo promedio**: $100-$200

Las principales mejoras cosméticas en el cuarto de baño son las luminarias - si reemplazas las luminarias por luminarias modernas, el cuarto de baño tendrá una sensación de brillo y limpieza, casi como si hubieras comprado un cuarto de baño llave en mano. Esto aumenta el atractivo del cuarto de baño de forma significativa. Repara el baño con estrellas instalando nuevos cabezales de ducha o grifos. Si usted tiene duchas viejas y oxidadas con desgarros y desgaste visible, esto es muy malo para la imagen del cuarto de baño. Los nuevos cabezales de ducha pueden ser reemplazados por menos de $100. Desmonte la vieja luz parpadeante en el techo y compre nuevas lámparas de tres vías que sean modernas e iluminen la habitación con luz LED brillante. Para el grifo del lavabo, compre uno con un nuevo acabado de níquel cepillado que le agregue estilo. Compre un cabezal de ducha de níquel para un uso eficiente del agua y brillo. Considere un nuevo accesorio de luz por encima de la vanidad que normalmente cuesta menos de $100.

- **Mejora de cuarto de baño #2**: Aseos
- **Costo Promedio**: $100-200 (+ $300 por instalación).

¡La principal actualización que los nuevos clientes apreciarán en un baño es un nuevo inodoro! La mayor parte del tiempo en el baño se pasa en el inodoro y los clientes no quieren usar inodoros que fueron usados por otras personas durante años. Usted quiere comprar y reemplazar el inodoro con uno nuevo. Muchos inodoros anticuados también tienen tazones que gotean galones de agua por la noche sin su conocimiento, lo que hace que esta sea una actualización esencial. Afortunadamente, los inodoros pueden costar tan solo $100 y los más caros están por debajo de los $300. Los costos de instalación son más altos que el inodoro en sí, pero puedes encontrar ofertas en lugares como Home Depot, que instala inodoros por menos de $300. Muchos inodoros nuevos vienen con diferentes opciones de color y tiran de la cadena de agua de una manera poderosa. Si desea mejorar el inodoro, considere la posibilidad de añadir un bidé que muchos clientes apreciarán.

- **Mejora de cuarto de baño #3**: Tocador
- **Costo Promedio**: $200-$500

¡El tocador es un baño esencial de importancia similar al inodoro porque el tocador es parte de nuestras rutinas matutinas y nocturnas! El tocador es lo primero que usamos en la mañana y lo último que usamos en la noche. Ponemos nuestros elementos esenciales en el tocador y desea asegurarse de que el tocador sea algo que sus nuevos clientes deseen usar a diario. El tocador puede traer importantes ganancias en el baño. Enfóquese en los detalles para ver si puede volver a pintar o arreglar el tocador actual antes de comprar uno nuevo. Si repintas el tocador, utiliza colores neutros como el blanco, el gris o el beige. Un nuevo tocador puede costar hasta $500 dependiendo de los materiales utilizados y el tamaño del tocador. Su vanidad debe tener una encimera nueva y moderna, un fregadero, un grifo con una altura decente y un acabado limpio. Si hay un espejo anticuado, puede reemplazarlo por uno barato, ampliando el espacio de la habitación y dándole un aspecto más elegante y moderno.

Renovación #3) Pisos y alfombras

➢ **Costo Promedio**: $6-10/pies cuadrados.

El piso de la sala de estar es una de las "3 grandes" mejoras, además de la cocina y el baño. Si usted actualiza el piso de la sala de estar puede añadir un valor significativo al precio de reventa de su propiedad - todo el mundo quiere un piso nuevo. El costo promedio de un piso nuevo es de $6-10 por pie cuadrado. Esto significa que el piso de una sala de estar grande puede ser reemplazado completamente por menos de $1000. Sin embargo, esto no significa que no se pueda ir más abajo. Hay ciertos materiales que pueden ir por tan poco como $3/pie cuadrado. Si opta por los materiales más lujosos, pagará hasta $20/pie cuadrado. Esto depende de la transformación total y/o de la impresión que usted está tratando de crear en los compradores. La calidad del suelo es una de las primeras cosas que notarán aparte de la pintura. Los pisos son algo que usted no puede hacer por su cuenta, sin embargo, los costos de mano de obra no son exuberantes y el promedio de 300 pies cuadrados de sala de estar puede ser reemplazado por $ 1000 sin incluir los materiales. El piso es una gran mejora para una casa nueva porque los propietarios no tendrán que molestarse en reemplazarla ellos mismos. Usted puede remodelar completamente el ambiente de la sala de estar: Si usted compra pisos de color negro, la casa tendrá un aspecto más moderno y neutral. Para completar las mejoras del piso, compre una alfombra moderna que a sus nuevos compradores les encantará. Como regla general, copie los pisos de su vecindario.

Renovación #4) Instalar Patio / Terraza

➢ **Costo promedio**: $2000-4000/patio

El valor más grande de refuerzo en ciertos estados es la instalación de un patio o una terraza. ¿Tiene la casa un patio trasero donde se puede instalar un patio adicional para colocar las sillas y relajarse? La construcción de uno puede aumentar el valor de la propiedad de manera significativa. Las personas que aman entretenerse en estados más cálidos encontrarán esto como una ventaja porque pueden disfrutar de un espacio al aire libre para relajarse, cocinar, comer, beber, jugar con los niños y celebrar eventos. Existe la posibilidad de ampliar el patio hasta el área de la piscina si hay una piscina en la parte trasera de la casa.

El patio convierte la casa en un "oasis de verano" donde los propietarios pueden organizar fiestas y traer invitados. Los patios son una gran inversión porque permiten a los futuros propietarios crear recuerdos duraderos y muchos de ellos pagarían más si tuvieran un buen patio. El costo de instalación no es exuberante: El patio de concreto promedio cuesta $700 en materiales, y una vez que se agregan los costos de mano de obra/contratistas, asciende a $2000-4000 por patio. Una pequeña inversión de este tipo puede remodelar el ambiente de la propiedad; sin embargo, en estados más fríos esto no es deseable ya que hay menos tiempo para disfrutar del aire libre.

Atractivo Exterior: Qué Es Y Cómo Hacerlo Bien

El atractivo exterior es un término utilizado para describir la primera impresión que una persona tiene cuando pasa por una casa. Conduzca más allá de una fila de la casa: ¿qué es lo primero que piensa de ellos?

Genera ingresos pasivos rentando propiedades

¿Crees que "Esa es una bonita casa" o "Esa casa apesta" cuando pasas junto a ellos? ¡Su reacción está determinada por el atractivo de la acera! Si la casa tiene un buen atractivo de acera, usted tendrá una buena primera impresión. Si la casa tiene un mal atractivo en la acera, usted tiene una mala primera impresión. El atractivo de la acera viene determinado por el exterior: la pintura de la casa, los accesorios de iluminación, el césped, el patio, los coches aparcados y otros detalles menores. El atractivo de la acera se traduce en fotografías tomadas en línea, ya que las personas abren sus casas en función del estado del exterior - si les gusta el exterior, quieren ver el interior. En esencia, su casa podría desmoronarse por dentro, pero si se mantiene el aspecto exterior, tendrá un buen atractivo para los transeúntes. Para mejorar el atractivo exterior, nos enfocamos en decoraciones exteriores, pintura, jardinería y mantenimiento general. jardinería

La HOA (Asociación de Propietarios de Viviendas) se enfoca en el atractivo de la acera contratando contratistas que lavan y mantienen las entradas públicas. De esta manera cada casa en el vecindario es mantenida y el vecindario puede mantener altos valores de propiedad. Si un residente de una comunidad de la HOA se niega a pagar, puede ser multado ya que firmó un documento legal para poseer en una comunidad con mantenimiento obligatorio. Los propietarios de viviendas y los contratistas de la construcción utilizan múltiples maneras de aumentar el atractivo de la acera, lo que hace que la casa sea más valiosa. Los compradores quieren ver una propiedad en buen estado antes de firmar una hipoteca: Quieren sentirse "en casa". Para crear esto, usted debe hacer actualizaciones que crearán una sensación acogedora para los nuevos compradores.

El atractivo exterior es también la reacción cuyos vecinos tienen una vez que pasan por su casa - no solo es atractivo para los compradores. Ejemplo: Si pasas por delante de una propiedad de un vecino y piensas "Wow su iluminación exterior mejora el paisaje", refuerzas las impresiones positivas que tienes de su casa. Los niños que juegan también pueden ser una señal de la alta atracción de la acera, ya que los niños solo juegan en céspedes delanteros que tienen un césped verde exuberante ideal para actividades deportivas. Antes de tratar de vender una propiedad, usted quiere maximizar el atractivo de la acera que tiene porque esto creará buenas primeras impresiones para los futuros compradores. Usted desea asignar un cierto porcentaje de su presupuesto de renovación a los elementos esenciales que aumentan el atractivo de la acera y hacen que la casa sea atractiva para los futuros compradores. Las mejoras que aumentan significativamente el atractivo exterior son la pintura exterior y los artefactos de iluminación: los elementos esenciales del atractivo exterior se pueden actualizar por unos pocos miles de dólares y el aumento en el valor de la vivienda será significativo.

Atractivo Exterior #1: Pintura Exterior

> **Costo promedio**: $100-200/2-3 galones (¡+$20 por cepillos!)

El trabajo de pintura da la impresión de que la casa se mantiene en buen estado. Las mejoras cosméticas en la casa aumentan el valor de la casa significativamente y la más esencial de ellas es la pintura exterior. Volver a pintar su casa atraerá a los compradores y aumentará el valor de su propiedad. La pintura nueva no solo renovará el aspecto de la propiedad, sino que la mantendrá a salvo de los elementos. Por cada galón que usted ponga en el trabajo de pintura exterior, verá una devolución de $1000/galón.

Nota: Pintar el exterior es ideal para casas que están en buen estado y que podrían necesitar una renovación - no hará mucho para una propiedad en decadencia que requiere nuevas paredes y aislamiento.

Los contratistas pueden aumentar el precio de un trabajo de pintura por un margen de 2-3x. La mejor manera de ahorrar dinero en una pintura exterior es pintarla usted mismo. Traiga a su papá o cuñado y pinte la casa usted mismo - no le tomará más de 2 días pintar el exterior de una casa de 2000 pies cuadrados. Si usted está en un presupuesto esto es un gran ahorro de dinero. Concéntrese en cubrir todas las imperfecciones y camuflar los puntos de descamación. Asegúrese de que el color coincida con el exterior de otras casas en el área. En promedio, usted gastará entre $30 y $50 por galón de pintura. Esto significa que para cubrir el exterior usted necesitará solamente $100-

200 dependiendo del tamaño de la casa. El equipo como cepillos y suministros sumará solo $20-30. ¡Entonces estás en la pintura! La pintura aumentará su atractivo exterior y debe hacerse al final de sus renovaciones, para mantenerse fresco para las exhibiciones de agentes inmobiliarios y "casas abiertas" que venden la propiedad.

Atractivo Exterior #2: LED inteligentes

> **Costo promedio**: $100-200

La luz exterior puede aumentar el atractivo exterior y disuadir a los delincuentes - esto es un beneficio mutuo. La luz exterior es una de las características esenciales que los nuevos compradores de vivienda buscan y las nuevas luces "inteligentes" son deseables, ya que iluminan todo el patio delantero y pueden activarse mediante sensores de movimiento. Las nuevas luces son energéticamente eficientes y pueden iluminar el frente de su casa durante toda la noche sin que le cueste una fortuna. Por menos de $300 en accesorios de iluminación, usted puede convertir patios fríos en espacios cálidos y acogedores que crean un ambiente nocturno para los huéspedes y las presentaciones.

El agente inmobiliario puede mostrar su propiedad por la noche y mostrar un ambiente cálido que venderá la casa. Las luces LED son muy deseables ya que crean una atmósfera acogedora y mantienen la casa segura. La instalación es rápida y las nuevas luminarias se pueden instalar en menos de una hora. Para finalizar sus actualizaciones de luz, compre faros activados con sensor de movimiento que coloque sobre el garaje. Si desea maximizar su atractivo de acera en la noche, considere la compra de LED solares a prueba de agua de hadas que usted puede colocar a lo largo de toda la cerca de su patio delantero que creará una sensación acogedora para los transeúntes.

Pequeñas Actualizaciones Para Una Casa Significativamente Más Deseable

Felicidades, ¡ya ha hecho las grandes mejoras! Supongamos que ha gastado $5,000 en una cocina y $10,000 en un baño - cada propiedad tiene requisitos únicos basados en el estado del interior. La propiedad que usted compra podría haber tenido un mal baño con una cocina nueva. En ese caso, usted asigna el 50% de su presupuesto de renovación en el cuarto de baño y hace pequeñas mejoras en el resto. El factor importante es "emparejar" el hogar con estándares iguales en cada habitación. Usted no quiere tener una cocina inteligente y luego un baño decrépito de los años 60 en la habitación de al lado. Felicidades, ¡ya ha hecho las grandes mejoras! ¿Qué sucede una vez que ha realizado todas las grandes renovaciones y está listo para vender en el mercado? Existen numerosas actualizaciones pequeñas que cuestan menos de $ 1000 que pueden ayudar a asegurar y "inteligente" el hogar. Los compradores comprarán una casa marcada como "inteligente" incluso si es más cara que una casa normal en buen estado. El hecho sorprendente es que la mayoría de los gadgets de seguridad y las funciones inteligentes cuestan solo unos pocos cientos de dólares. En teoría, usted podría equipar la casa con la última tecnología gastando casi nada de dinero.

Nos centramos en 3 actualizaciones menores: sistemas de seguridad, tecnología inteligente y jardinería. Estas actualizaciones proporcionan el mayor beneficio para su dinero y el retorno de la inversión en los hogares. Estadísticamente en los EE. UU. hay un robo cada 18 segundos y tiene sentido equipar su propiedad con la última tecnología de seguridad. La mayoría de los sistemas de seguridad "todo en uno" vienen con cámaras, sensores de movimiento y compatibilidad con aplicaciones Smartphone. También recomendamos instalar termostatos inteligentes que ayuden a los compradores a configurar la temperatura de su hogar. Por último, recomendamos realizar pequeñas mejoras paisajísticas que puedan aumentar el atractivo de la casa. Las siguientes mejoras menores tendrán un impacto significativo en el valor de su propiedad:

Mejora del valor #1) Sistemas de Seguridad Inalámbricos

> **Costo Promedio**: $50-$200

Los sistemas de seguridad funcionan de forma inalámbrica a través de Wifi y pueden instalarse en menos de una hora: La mayoría de los paquetes de seguridad para el hogar que usted compra en Amazon pueden proporcionarle múltiples cámaras de seguridad para cubrir todos los ángulos e interiores de la casa. Puede instalar una cámara en la parte delantera de la casa, la sala de estar, el porche trasero y cualquier área que desee. Los sensores de movimiento de la cámara detectarán el movimiento y le enviarán señales a su teléfono inteligente mientras está en el trabajo usando Wifi. Los sistemas avanzados de cámaras también pueden identificar el humo y prevenir incendios en las casas. Si gasta unos cuantos dólares más, puede comprar una cámara que tenga visión nocturna para protegerse de los ladrones en la noche (¡o incluso ayudar a capturar a los delincuentes si la casa de su vecino es robada monitoreando el vecindario inmediato!). Muchas cámaras de seguridad tienen baterías de respaldo que les ayudan a funcionar mientras usted está de vacaciones o en caso de un apagón.

El costo promedio de una cámara de seguridad inteligente es de $50-100, pero se puede tener un juego completo en el rango de $200-300 que incluye múltiples cámaras para seguridad las 24 horas del día, los 7 días de la semana. Asegúrese de que la cámara que compra es DYI (hágalo usted mismo) y le permite instalar el sistema por su cuenta. Para ahorrar dinero, compre sistemas de seguridad que no tengan sistemas de suscripción mensual. Muchos fabricantes enganchan a sus clientes con cuotas mensuales para utilizar su software de seguridad, y encuentran uno que viene sin cargos mensuales. Los sistemas de seguridad mejorarán la seguridad de la casa y ayudarán a venderla más fácilmente.

Mejora del valor #2) Termostato inteligente

➤ **Costo promedio**: $200-400

Las investigaciones demuestran que una de las formas más baratas y rápidas de convertirse de estar al día con la tecnología y de aumentar el valor de la propiedad es la instalación de un termostato de alta tecnología. Los beneficios de los termostatos inteligentes son numerosos: Ahorran tiempo, conservan energía, se adaptan a su estilo de vida y le ayudan a configurar la temperatura de su hogar. Los mejores termostatos que se pueden encontrar en Amazon analizan los patrones de trabajo de los residentes y los utilizan para reducir el calor cuando están en el trabajo y aumentarlo cuando regresan a casa. Los termostatos tardan menos de una hora en instalarse y se pueden hacer DYI: Tienen bajo mantenimiento y funcionan en conjunto con las aplicaciones de los teléfonos inteligentes. Los mejores sistemas cuestan entre 200 y 400 dólares, dependiendo de la cobertura. Esta característica venderá una casa rápidamente y puede ser uno de los principales puntos de discusión una vez que la muestre a los compradores.

Mejora del valor #3) Jardinería

> **Costo Promedio**: $50-$100

El césped aumenta el valor de la propiedad y muchas comunidades de la HOA hacen cumplir las leyes para el mantenimiento del césped, multando a los residentes que no cumplan con las pautas. El césped tiene que estar verde y bien mantenido, sin manchas amarillas ni agujeros en el suelo. La investigación muestra que, en el mantenimiento adecuado del césped en el momento de la venta, se recupera el 100% de los costos iniciales de renovación y puede aumentar el valor de la casa en un 5-10%. Para mantener un césped puede contratar a un contratista o hacerlo usted mismo (¡el mejor ahorrador de dinero!). Vaya a la ferretería y compre cortadoras de setos y una cortadora de césped que pueda usar para comenzar a trabajar.

Si desea mejorar su césped, plante arbustos de prímula o use adoquines para forrar el camino de entrada. Esto aumentará el atractivo de la acera de su casa significativamente, y los arbustos de prímula son muy fáciles de mantener. Si tiene manchas amarillas, puede obtener pintura y rellenarlas antes de empezar a tomar fotos o mostrarlas a los compradores. Estos cambios toman algunas horas de trabajo como máximo y tienen un impacto serio en la percepción y el valor de su propiedad.

Mejora del valor #4) Nuevos ventiladores de techo

> **Costo Promedio**: $100/ventilador + $100 por instalación

La investigación del instituto de bienes raíces muestra que los ventiladores de techo son amados por los compradores de todos los niveles de ingresos - si la casa carece de ventiladores de techo, usted puede agregarlos por menos de $100 cada uno. El ventilador de techo añade más iluminación y confort. Si su propiedad está en un estado cálido, usted necesita absolutamente ventiladores de techo. Debe haber un ventilador de techo en la sala de estar y en cada dormitorio: Esto creará una sensación acogedora mientras navega por la casa. Si no está seguro de si los ventiladores de techo son prácticos en su área, analice las composiciones o visite las propiedades cercanas y consulte con los residentes. El diseño del ventilador de techo tiene que ser minimalista y no "abrumar" la habitación que está renovando. El diseño del ventilador de techo es de color negro mate puro con aspas de madera.

Mejoras Ecológicas Que Aumentan Instantáneamente El Valor De La Vivienda

La eficiencia energética es un término para mejorar la casa con equipos que preservan el calor o mantienen la casa fresca, ahorrando costos. ¡La eficiencia energética no tiene que ser costosa! Sí, la instalación de un panel solar costará un promedio de 14.000 dólares, pero las meras actualizaciones, como el reemplazo de las ventanas, solo pueden costar entre 2.000 y 3.000 dólares por casa. La eficiencia energética multiplica cada dólar que usted pone en la propiedad por un multiplicador de 2x. Si invierte $5000 en eficiencia energética, obtendrá $10,000 de vuelta. Si actualiza la eficiencia energética de una casa, puede convencer a sus futuros compradores de que están comprando una casa energéticamente eficiente utilizando números duros. En estados como California todos los nuevos desarrollos deben tener paneles solares o no son elegibles para un permiso de construcción. Si desea mejorar la vivienda para lograr una eficiencia energética completa sin depender de la red pública, puede hacerlo por tan solo $15,000. El precio dependerá de la calidad de los paneles y del tamaño de la vivienda. Reglas similares se aplican para hacer pequeñas mejoras como el aislamiento o el reemplazo de ventanas.

Las actualizaciones sencillas pueden hacer que la casa sea más ecológica y aumentar la eficiencia energética. **Ejemplo**: Reemplazar ventanas viejas por ventanas nuevas de doble panel puede reducir las facturas de refrigeración en un 15% y ahorrar a los residentes $500 al año en costos de servicios públicos. Las luces LED son ultraconservadoras en energía y la electricidad es virtualmente gratis una vez que usted cambia a los accesorios LED. Si reemplaza cada lámpara de la casa con una nueva lámpara LED, puede explicar cómo se construye el sistema de iluminación de la casa para la longevidad y cómo se ahorrará en las facturas de electricidad a largo plazo. Busque iniciativas de eficiencia energética financiadas por el gobierno en su estado, ya que muchos estados subvencionarán la compra de ventanas, luces y paneles solares de eficiencia energética. Las siguientes son las actualizaciones más populares que puede instalar en prácticamente todos los hogares de los Estados Unidos:

Mejora ecológica #1) Ventanas energéticamente eficientes

Costo Promedio: $150-300/ventana

Las ventanas tienen un impacto en la penetración del calor que entra y sale de la propiedad, casi tanto como el aislamiento. Si el aislamiento de la propiedad está a la altura de los estándares modernos, las ventanas tienen que estar a la altura para soportar cualquier clima. El clima es cada vez más extremo tanto en verano como en invierno: Los veranos son más calurosos y los inviernos más fríos. Las ventanas más nuevas que tienen una clasificación *"Energy Star"* son deseables y se consideran respetuosas con el medio ambiente. Windows aumentará el valor de la propiedad por un multiplicador de 2x similar a los paneles solares. Las ventanas de vinilo son el punto de partida para los compradores porque son fáciles de instalar y mantener, duraderas, energéticamente eficientes y respetuosas con el medio ambiente. El precio promedio por ventana es de $150-300 dependiendo del tamaño de la ventana. Si la casa tiene 20 ventanas, usted puede reemplazar cada ventana de la casa por tan solo $3000.

Mejora ecológica #2) Paneles Solares

Costo promedio: $10,000-15,000/casa

Los paneles solares son la última actualización en energía verde - algunos estados ahora exigen que para obtener un permiso de construcción cada nueva construcción tenga paneles solares. Se trata de una actualización para todos los estados cálidos, ya que el sol durante todo el año puede proporcionar una fácil eficiencia energética y la inversión se amortiza en tan solo 10 años. Los paneles solares ayudan a cosechar la energía del entorno natural. Para equipar una casa con un 100% de eficiencia energética utilizando paneles solares, usted gastará un promedio de 10,000 a 15,000 dólares por toda la casa. El costo total puede exceder los $20,000 en algunos estados, pero cada estado subsidia los paneles solares, lo que reduce el promedio significativamente. Hay muchos reembolsos y créditos fiscales que puede aplicar a nivel federal y estatal una vez que cambie a los paneles solares. Esto será considerado una actualización importante para todas las casas y lo hará una venta fácil porque el nuevo comprador no tiene que regatear su instalación. El sistema solar promedio con 20 paneles solares solo tardará de 1 a 3 días en instalarse. Esta es una actualización fácil si usted tiene el presupuesto y lo considera necesario en su estado.

¡Cada dólar que invierta en eficiencia energética proporcionará un rendimiento magnífico una vez que sea hora de vender! La única desventaja es que esto no es una prioridad para los cambios de bajo costo. Tampoco es práctico para los estados fríos. Analice cuánta energía consume actualmente la propiedad que está comprando y cuánto ahorrará después de que se realicen las actualizaciones de eficiencia energética. Hay mejoras para cada presupuesto y para la máxima eficiencia energética la persona promedio no tendrá que exceder los $20,000 - que incluye todas las instalaciones de paneles solares, actualizaciones de LED, aislamiento y actualizaciones de ventanas.

Capítulo 6 - Haciéndolo brillar

Reuniendo Al Equipo De Ensueño De Rehabilitación

¡Has financiado los tratos, has firmado los cheques, has comprado tu primera casa! ¡Felicidades! El siguiente paso es reunir su "Equipo ideal" de contratistas, abogados y profesionales de bienes raíces. ¿Quién necesitaría un abogado? Cada transacción financiera que usted haga tendrá que ser documentada por abogados que puedan asegurar que usted no termine con demandas y su contador/CPA se encargará de sus impuestos para mantenerlo a salvo del Tío Sam. Los contratistas pueden hacer que nuestra empresa rompa su acuerdo, y es esencial formar un equipo de contratistas - hay muchas maneras de ahorrar dinero en contratistas que destilaremos a continuación.

En el sector inmobiliario se puede contratar a "Contratistas Generales/GC" que realizan todo el trabajo de rehabilitación a la vez (reestructuración, pintura, suelos, techos) o se puede contratar a subcontratistas para cada una de esas profesiones individuales. Es fácil encontrar a cada uno de esos profesionales - todos están conectados y trabajando juntos. Una vez que usted tiene un amigo que está en bienes raíces, usted puede obtener referencias a contratistas en su área. También existe la posibilidad de buscarlos en línea, ya que muchos contratistas operan exclusivamente en su área inmediata. Es muy raro encontrar un equipo de construcción en California que haya venido desde Florida. El cambio se hace a la antigua usanza sobre una base comunitaria.

Su "Equipo Ideal" tiene que ser ensamblado en base a una base esencial y no esencial. Algunas personas son absolutamente esenciales: Abogados y contratistas. Otras personas no son esenciales: Agentes inmobiliarios y arquitectos. Las reglas cambian: Los contratistas pueden no ser esenciales si usted está familiarizado con el trabajo de construcción y puede llevar a cabo las reparaciones usted mismo. Sin embargo, para la mayoría de los compradores el trabajo de comercio está fuera de la ecuación porque requiere mucha experiencia y es arriesgado hacer trabajos con los que no estás familiarizado (por razones legales y de seguridad). No cometa errores y termine con una demanda al comienzo de su viaje - contrate a un abogado para que revise cada extremo de la venta, los documentos de compra y la venta de cierre. Hay una razón por la que algunos abogados cobran $500 por hora - una vez que han pasado por alto los detalles de su venta en esa sola hora pueden estimar errores que podrían costarle miles de dólares en costos a largo plazo o una posible demanda.

Recuerde: Usted contrata a profesionales en cada etapa de la venta. Su "Equipo Ideal" no trabajará con usted durante todo el giro. Al principio tendrá que movilizar a un abogado para que revise sus documentos de avulsión y financiación. Una vez que haya obtenido el sello de aprobación de un abogado, puede proceder con la compra. A continuación, tendrá que decidir si desea contratar a un "contratista general" que llevará a cabo todas las reparaciones por usted a un costo negociado, o contratar a subcontratistas para la rama individual de trabajo que usted necesita hacer. Le enseñaremos cómo elegir a los mejores contratistas por el precio más bajo. Si este es su primer proyecto, lo mejor es que contrate a un GC en su área que realice todas las reparaciones de una vez por todas. Los contadores son necesarios después de cada giro para analizar los documentos financieros y estimar sus impuestos antes y después. Los jardineros y los manitas pueden ser necesarios dependiendo del estado de su propiedad. Los arquitectos solo son necesarios si usted planea derribar o agregar espacio que requiere dibujos y permisos especiales. Finalmente, los agentes de bienes raíces pueden ayudarle a vender una casa y hacer todo el trabajo por usted por una comisión. Las siguientes 2 categorías resaltan qué personas necesitará contratar para empezar a trabajar en el cambio de casas:

Profesionales Esenciales

1) Abogados.

El abogado es la pieza más esencial del rompecabezas: Ellos redactan los contratistas antes de que usted compre una propiedad y resuelven la venta una vez que usted ha vendido una propiedad. Ellos pueden identificar fallas en sus contratos que usted nunca supo que existían y/o que podrían conducir a demandas judiciales. Para estar seguro, siempre escoja un abogado que se especialice en bienes raíces en lugar de la práctica general. Los abogados de bienes raíces en su área estarán familiarizados con las leyes locales de zonificación y son especialmente útiles si usted planea agregar o quitar espacio para obtener permisos de construcción. Los abogados le informarán si sus prácticas de cambio cumplen con las leyes locales. Los abogados cobran altas tarifas por hora porque su trabajo exige mucha atención a los detalles y tendrán que revisar el trato primero, además de estar presentes en las inspecciones y cierres. Muchos abogados que empiezan están de acuerdo en trabajar con tan poco como $100-150 la hora porque están tratando de hacerse un nombre por sí mismos. El promedio para un abogado de bienes raíces establecido puede ser de $200-300/h y usted solo los necesita por unas pocas horas cada mes. Algunos abogados aceptarán trabajar por un adelanto de $1000-2000 por cada giro sin importar cuántas horas trabajen.

- **Costo Promedio**: $150-300/h

2) Contadores.

Los contadores y contadores públicos son una pieza esencial del rompecabezas que trabajan junto con los abogados. El contable o "CPA" se encarga de todos sus datos financieros y hace un seguimiento de los impuestos que debe pagar y le aconseja sobre las devoluciones de impuestos que puede cancelar. Si usted contrata a un CPA, descubrirá en qué artículos ha invertido y en cuáles puede "deducirse" de sus registros de impuestos. Por ejemplo, si usted compra paneles solares, un CPA puede decirle cuánto puede amortizar por esa compra en su estado y ahorrarle dinero. Ellos pueden ayudarlo a establecer la estructura de su negocio, archivar todos sus impuestos por usted y asegurar que sus documentos financieros estén en orden para los compradores que hacen múltiples compras por año. La mayoría de los CPA requerirán 1 o 2 horas al mes para manejar sus documentos y ofrecer "planes mensuales" o usted puede pagar anualmente $1000-2000 a un CPA para tenerlos a su disposición y archivar sus documentos el 15 de abril.

> **Costo promedio**: $500-1000/año

3) Contratistas Generales/CG.

¡La pieza más esencial del rompecabezas una vez que se resuelven sus documentos legales son las personas que realmente realizan las renovaciones! Los Contratistas Generales o "GC" en resumen pueden supervisar todo su esfuerzo de rehabilitación y una sola persona contrata a sus propios profesionales calificados que pueden reparar una propiedad rápidamente sin involucrar a múltiples equipos. Los contratistas generales se especializan en todos los oficios a la vez y sus equipos tienen experiencia en todo tipo de renovaciones. Pueden renovar la cocina, el baño, los pisos, el espacio para desmontar o añadir, o cualquier cosa necesaria para completar su renovación. Esto disminuye el potencial de error ya que una sola tripulación está a cargo de las renovaciones y usted no tiene que lidiar con un conjunto de subcontratistas, uno de los cuales podría resultar poco confiable. Una vez que haya encontrado un contratista general, solo tiene que preocuparse por la venta de la propiedad, ya que ellos realizarán todas las renovaciones sin que usted tenga que mover un dedo. Los contratistas generales no cobran honorarios por hora, pero se conforman con un costo fijo de renovación basado en su presupuesto y sus costos estimados: Ellos le darán una oferta y si usted está de acuerdo con la oferta ellos llevarán a cabo todas las renovaciones dentro de ese rango de presupuesto.

> **Costo Promedio**: Negociado

Profesionales no esenciales

1) Agentes de bienes raíces.

La mayoría de las casas en los Estados Unidos se venden a través de agentes de bienes raíces: Estos son profesionales licenciados que se especializan en el proceso de venta de una casa. Ellos se encargan de todos los listados/mercadeo, presentaciones, exhibiciones y aseguran una venta final en la propiedad. Los agentes de bienes raíces cobran comisiones significativas por su trabajo y algunos agentes de bienes raíces pueden tomar 6% en la venta de una casa (3% para el agente de bienes raíces del comprador y 3% para el agente de bienes raíces del vendedor). Sin embargo, su conocimiento de los datos de mercado de los barrios, las tácticas de venta y la equidad del sudor compensan sus comisiones (que son negociables). Los agentes de bienes raíces son pagados por vendedores/vendedores y si usted decide contratar a un agente de bienes raíces, tendrá que pagarlos de su propio bolsillo en base a una tarifa pre acordada. Los agentes de bienes raíces son útiles para las personas que tratan de arreglar múltiples propiedades que no tienen tiempo para tratar con los compradores de primera mano.

- **Coste medio**: 6%/venta

2) Jardineros

Los jardineros aumentan el atractivo de la propiedad y hacen que el aspecto exterior sea más atractivo para los compradores. Los jardineros son generalmente contratados en base a la necesidad, ya que solo son necesarios una vez que se han llevado a cabo las reparaciones finales y es necesario dar los últimos retoques a la propiedad. La jardinería básica, como cortar el césped, es algo que usted puede hacer por su cuenta, pero los jardineros pueden ayudar a regenerar el césped muerto o a cubrir los parches amarillos. También pueden colocar las plantas, podar su jardín existente y asegurarse de que todo sea adecuado y esté listo para la venta. El jardinero promedio trabajará por $60/h sin incluir los materiales.

- **Costo promedio**: $50-70/h

3) Arquitectos.

Los arquitectos no son esenciales en el "cambio de casas" porque los arquitectos diseñan lo nuevo - usted está comprando y vendiendo propiedades existentes. Los arquitectos se especializan en diseñar y estimar el tamaño estructural para asegurar que el edificio sea estructuralmente sólido y que su trabajo sea necesario antes de que el equipo de construcción comience a trabajar. Sin embargo, una vez que la casa está construida, los arquitectos solo son necesarios una vez que se necesita eliminar una habitación o cambiar la estructura o añadir más espacio en el exterior. Los arquitectos también son contratados en base a las necesidades y pueden ser bastante costosos con un promedio de $100/h. Muchos arquitectos aceptan trabajar por un precio fijo y están abiertos a negociaciones.

> **Costo Promedio**: $70-150/h

4) Hombres de mantenimiento.

Los manitas son trabajadores generales que te dan una mano (como su nombre indica) y técnicamente un manitas podría ser tu padre, cuñado, esposa o el estudiante que vive en la calle y necesita unos cuantos dólares extra. Los manitas serán esenciales porque muchas veces usted necesita a alguien que le ayude a pintar las habitaciones, arreglar los agujeros, instalar nuevos gabinetes y cambiar el interior de la casa. Un manitas no necesita ser licenciado ya que en su mayor parte estará asistiendo con trabajo regular. Handymen puede ser contratado en Internet y muchos tienen una amplia experiencia en la construcción y puede ayudarle con todas sus necesidades. El promedio que usted debe pagar a un manitas es de $30-60/h y tratar de hacer todo lo posible en esas horas para sacar el máximo provecho de su dinero.

> **Costo Promedio**: $30-60/h

5) Asistentes.

Una vez que haya logrado un gran éxito en el cambio y esté comenzando a hacer de 5 a 10 cambios al año, contrate a un asistente personal que pueda estar presente en el lugar con usted y ayudarle con sus actividades diarias. Este debe ser alguien en quien puedas confiar y se recomienda contratar dentro de tu familia para que no te engañen. Un asistente es una persona que estará con usted en el lugar de trabajo, tratando con contratistas, reuniéndose con financieros, cerrando tratos y entregando sus papeles a abogados. Un asistente puede quitarte el 50% de la carga de trabajo de tu espalda. Por eso es mejor contratar dentro de la familia - si su sustento depende del trabajo, estarán mucho más motivados.

> **Costo Promedio**: Negociado

¿Cómo encuentra a los contratistas generales, abogados y subcontratistas individuales? La respuesta: Anuncios clasificados en su área local. En la mayoría de los casos se puede pasar por una obra y pedir a los trabajadores que vean al "jefe" y charlen con él: Ellos le darán referencias para contratistas generales en su ciudad. Asegúrese de que los contratistas que contrate tengan licencia y experiencia - deben tener el conocimiento para llevar a cabo las tareas profesionales para las que usted los contrata. Esto le ahorrará dinero porque no tendrá que pagar por el mismo trabajo dos veces.

Cómo Encontrar El Mejor Contratista Para Su Propiedad

El cambio de casas es un esfuerzo de equipo y todas las personas que cambian las casas con experiencia contratan a contratistas en un determinado momento. No hay reglas escritas en piedra: Uno podría comprar una casa, renovarla ellos mismos y venderla por su cuenta, sin tener en cuenta los honorarios del contratista y del agente inmobiliario. Sin embargo, en la práctica es mejor contratar a profesionales que lleven a cabo un trabajo de alta calidad y le den tiempo para concentrarse en múltiples proyectos a la vez. Contratar contratistas es la pieza más difícil del rompecabezas, ya que tendrá que hacer casi tanta investigación como lo hizo al comprar una casa. Los contratistas supervisarán todas sus rehabilitaciones y renovaciones y un contratista general puede proporcionar el material, la mano de obra, el equipo y las herramientas y prestar todos esos servicios a la vez.

Contratistas generales contra subcontratistas

Las escuelas de pensamiento que cambian de opinión difieren en todo el "debate" de los subcontratistas de GC. Se sabe que los GC hacen las cosas a la vez, pero los subcontratistas se consideran económicos, ya que solo se contratan "según sea necesario". Un buen GC puede llevar a cabo todas las renovaciones a un precio fijo sin sobrecargarle por sorpresas inesperadas. Los contratistas generales son mejores para los compradores que quieren tomar un enfoque más "manos fuera" y se centran en la financiación de múltiples proyectos a la vez. Ahorran tiempo y permiten que un cambio se concentre en asegurar más finanzas, encontrar compradores y localizar nuevas propiedades. Sin embargo, los subcontratistas son mejores si usted sabe que su propiedad solo requiere una o dos reparaciones y puede contratar subcontratistas para esas reparaciones específicamente.

Los GC tienen "equipos" que pueden enviar a su ubicación y rehabilitar la propiedad de una sola vez. El jefe contará con un equipo de personas que él mismo dirige bajo su tutela y asignará el trabajo en función de las necesidades de su propiedad. El beneficio para los compradores es que usted solo paga a un contratista por toda la renovación. De esta manera, ¡usted no tiene que buscar y contratar subcontratistas individuales cada vez que necesite pintar una habitación, instalar un lavabo o cambiar el piso - el GC se encarga de todo eso por usted! Los contratistas generales pueden ser bastante grandes y muchos de ellos trabajan en múltiples propiedades a la vez, manejando cientos de trabajadores. Pueden cambiar los empleados de un lugar de trabajo a otro. Si un carpintero termina un trabajo en una propiedad determinada y su propiedad requiere un carpintero, pueden ser enviados a su ubicación.

Para finalizar el debate, hágase la siguiente pregunta: "¿Son mis cambios cosméticos?". Si los cambios que necesita en su propiedad son cosméticos, no necesita un GC. Si las renovaciones se centran en mejoras de la cocina (sustitución de fregaderos, electrodomésticos, encimeras, islas de cocina, etc.), renovaciones de baños (inodoros, mostradores, espejos, lavabos), trabajos de pintura (interior y exterior), cambios de piso (pisos nuevos) y jardinería - usted puede hacer estas actualizaciones "cosméticas" por sí mismo o con la ayuda de unos pocos subcontratistas. Si las renovaciones son más grandes y requieren trabajo en los cimientos de la propiedad y/o añadiendo espacio, debe contratar a un contratista general.

Los contratistas generales pueden trabajar con arquitectos y pueden llevar a cabo demoliciones o adiciones dependiendo de lo que usted necesite - ellos le ayudarán a poner en orden los planos y a obtener los permisos de construcción que necesita de su municipio antes de construir. Cambios significativos tales como añadir metros cuadrados, derribar paredes, añadir habitaciones, cambiar techos, cambios en los cimientos, etc., todos ellos requerirán de Contratistas Generales.

Cómo descubrir a los contratistas

La industria de bienes raíces está "pasada de moda" y la mayoría de las conexiones en el negocio se hacen a través de la interacción de la vida real con los contratistas y las referencias. Tendrá que asistir a conferencias, estrechar la mano, llamar a la gente y/o visitar las obras de construcción.

> - **Referencias**. Únase a su grupo local de inversión inmobiliaria o asista a conferencias donde podrá conocer gente. Una referencia puede ser dada por virtualmente cualquier persona: Compañero emprendedor, cambiando a la competencia, o incluso a tu vecino. Pregunte a los inversionistas de bienes raíces en el área con quién han trabajado y de quién pueden dar fe. En muchos casos, usted escuchará los mismos pocos nombres que usualmente las grandes empresas dominan un área determinada. Preguntar sobre la eficiencia y el presupuesto del contratista (especialmente cuando se contrata a un GC). Pregunte si terminaron los proyectos a tiempo, ya que las demoras pueden costarle miles de dólares y pregunte por el presupuesto total. Si es posible, visite las propiedades en las que los GC han trabajado en el pasado.
> - **Visite las obras de construcción**. Si usted ve un sitio de construcción en su trayecto diario, estacione su auto y hable con los trabajadores allí o hable con el jefe si él está presente en el sitio de trabajo. Marque a un trabajador y haga una simple introducción. Diga que va a necesitar reparaciones y pregúnteles cómo puede ponerse en contacto con su compañía para posibles trabajos. Probablemente te pondrán en contacto

con su jefe y te darán una tarjeta, lo que te permitirá investigarlos en línea y analizar su trabajo anterior.
- **Visite los "departamentos de construcción"**. Cada ciudad tiene un "departamento de construcción" local que hace un seguimiento de las empresas a las que se les concedieron permisos de construcción - de esta manera se pueden analizar las empresas que están en funcionamiento en ese momento y que actualmente están comprometidas con los proyectos. Es posible que una empresa haya quebrado si se le concedieron permisos hace 3 años y necesita datos recientes de los últimos 3-6 meses. Todos los Contratistas Generales tienen que solicitar permisos para realizar cierto tipo de trabajo (en su mayoría para agregar/remover habitaciones) y estos tienen que pasar inspecciones por parte de los agentes de la ciudad. Si a un contratista se le concedió un permiso, eso significa que está haciendo un trabajo de primera clase que cumple con los códigos de construcción locales. El departamento de construcción puede proporcionarle información sobre todos los contratistas que trabajan actualmente en su área.
- **Investigación en línea.** Comience con Google y busque "Contratista general + [su ciudad]" para encontrar una lista de contratistas generales operativos en su área. No es recomendable optar por los primeros listados porque son los más populares y cobran las tarifas más altas. Busque contratistas menos conocidos que tengan una buena reputación. Una excelente fuente para los contratistas y subcontratistas locales es Craigslist - la publicidad allí es gratuita y es fácil descubrir a muchos contratistas que trabajan. Únete a foros de bienes raíces donde los compradores comparten información privilegiada y pueden ayudarte con cualquier problema que encuentres.

Contratar a contratistas con licencia

Solo contrate contratistas con licencia y asegurados: los GC no son trabajadores manuales que pueda contratar mientras viaja. Su contratista debe tener licencia para operar en su estado y debe tener seguro en caso de que algo salga mal en su propiedad (¡para que usted no pague de su bolsillo!). Un contratista debe ayudarle a crear una hoja de precios que incluya los precios por pie cuadrado para cosas como pintura, pisos, alfombras. La hoja debe incluir artículos que necesitan ser reemplazados como ventanas, accesorios, persianas, puertas, electrodomésticos y más. Los elementos esenciales tienen que ser "pre acordados", por lo que el contratista no le sorprenderá con cargos adicionales. Muchas veces usted no trabajará con los mismos contratistas por más de 6 meses o un año - los contratistas van y vienen. Informe a sus contratistas sobre la cantidad exacta que usted puede pagar para asegurarse de que su trabajo esté dentro del alcance de su presupuesto.

Consejo: Usted solo negocia con su contratista el primer giro. Tómese su tiempo para acordar el precio más bajo posible. Si el contratista tiene éxito, los próximos trabajos no requerirán negociaciones, ya que usted ya ha acordado los precios preestablecidos.

Cómo pagar a los contratistas

Hay dos maneras de pagar a los contratistas: Semanalmente o según el trabajo que hayan realizado. Ciertos trabajos pueden tomar más tiempo del que usted planeó inicialmente, y usted solo debe pagar en base a los resultados. Negarse a pagar a los contratistas por adelantado porque podrían tomar su dinero y no completar el trabajo. Asegúrese de compensar a sus contratistas por cada hito cumplido. Si han terminado la cocina - págales por la cocina. Si el renovar toda la casa - pagarles por toda la casa. Nunca pague por adelantado por un trabajo que no ha sido completado.

Haz Que Brille Mientras Minimizas Los Costos

Usted está listo para llamar a los contratistas y negociar los precios: ¿Cómo se puede saber cuáles son los que van a hacer el mejor trabajo al mejor precio? ¿Cómo sabe si un contratista le cobrará de más o le hará un trato justo? En muchos casos no hay nada que usted pueda hacer con respecto a un mal contratista una vez que haya acordado un precio - esta es la razón por la que debe hacer una referencia cruzada de varios contratistas por adelantado. Hay muchos métodos que puede emplear para ahorrar dinero por adelantado, como invertir en herramientas eléctricas que no tendrá que alquilar para el trabajo. Si dispone de las herramientas necesarias, puede ver los tutoriales e intentar realizar el trabajo usted mismo. Incluso si usted contrata a contratistas, ellos apreciarán tener un juego extra de herramientas a su lado. Además de invertir en herramientas eléctricas (¡importante para todas las renovaciones!), puede contratar contenedores de basura para los residuos que se acumularán en la propiedad y evitar los recargos de un contratista que traiga una. Las siguientes son las mejores maneras de hacer que su propiedad brille sin gastar mucho dinero:

Regla de Oro #1) Llame a 3 Contratistas a la vez

Usted es nuevo en el negocio - si contrata el GC que encuentra, hay un 50% de probabilidad de que obtenga un beneficio y un 50% de probabilidad de que le cobren de más y le envíen su inversión en una espiral descendente. ¿Cómo deciden a qué contratista acudir? ¡Haz que entren en una guerra de ofertas! Reúna una lista de los contratistas más apropiados en su área según su tarifa y llámelos individualmente. Describa su propiedad y sus necesidades al contratista y una vez que tengan sus datos haga la pregunta mágica: "¿Cuál es tu oferta?". El contratista le dará un estimado aproximado basado en los materiales necesarios, el alcance del trabajo y el tiempo necesario. Incluso pueden revelar ciertos detalles sobre el trabajo que usted no sabía que eran necesarios. La mayoría de los contratistas pujan por el pie cuadrado. Por ejemplo, un contratista de pisos le dirá cuánto cuesta el piso por pie cuadrado y la mano de obra por cada pie cuadrado ensamblado. Una vez que tenga 3 ofertas separadas, puede tomar su decisión en función de cuál es la más baja o la mejor para el trabajo. ¡Las llamadas son una verdadera revelación porque puede sentir cuán sincero y conocedor es el contratista sobre el trabajo! Cuanto más personal sea su interacción, más sabrá qué esperar de ese contratista.

Regla de Oro #2) Pregunte sobre la estructura de honorarios

Si usted tiene una idea general de los costos, tiene que preguntar sobre la posible estructura de honorarios para entender si el contratista está familiarizado con la venta de casas y la repetición de negocios que usted puede proporcionarles. Cuando se ponga en contacto con un contratista pregúntele cuánto le cobrarían por completar un trabajo para una casa de 1,500 pies cuadrados. Digamos que necesita un trabajo de pintura completo para la casa que incluya los techos. Un "buen" precio para un trabajo de pintura de ese tipo sería de $1/pie cuadrado o alrededor de $1,500 en total por el trabajo. El contratista le cotizará basándose en el tamaño de la casa y si cotiza el doble ($3,000) usted sabe que no es el contratista adecuado para usted. ¡Lo que son buenas noticias! Porque significa que está listo para pasar a un contratista más elegible que conoce el valor de los negocios repetidos. Siempre pregunte en términos de pies cuadrados: Si aún no ha comprado una casa, invente un número al azar tal como 1,500 pies cuadrados o 2,000 pies cuadrados.

Ahorro de dinero #1) Planificación libre

La mejor parte de los grandes almacenes en los que se compra mercancía es que muchas veces ofrecen una "planificación libre". Esto le ahorrará una gran cantidad de dinero a los diseñadores de interiores una vez que esté listo para renovar el gran 3: El cuarto de baño, los dormitorios y la sala de estar. La mayoría de las tiendas de mejoras para el hogar que visite tendrán diseñadores a su disposición que le ayudarán a elaborar un plan gratuito si compra sus materiales en la tienda. Asegúrese de que la tienda en la que va a comprar tenga una "consulta de diseño" gratuita. En esencia, usted está recibiendo un diseñador de interiores gratuito que rediseñará la forma de su interior sin costo alguno.

Ahorrador de dinero #2) Compra de materiales en exceso

Visite la tienda local de suministros para la construcción o una gran ferretería que abastezca a una gran parte del mercado de hardware en su área. Por lo general, esas tiendas tienen mercancía "sobrante" que se encuentra en sus islas traseras. Una vez que esté en la tienda, pida hablar con el pesebre y luego pregunte sobre los artículos que necesita que están en su inventario. Es posible comprar artículos con exceso de existencias con descuentos de hasta el 50% si solo se compromete con

Genera ingresos pasivos rentando propiedades

el gerente. Esto es esencial una vez que esté comprando herramientas eléctricas para su primer cambio.

Ahorro de Dinero #3) Compra de herramientas eléctricas

¡Solo tienes que hacerlo de una vez! El costo promedio de la herramienta eléctrica oscila entre $50-100 y usted puede comprar un juego completo de herramientas eléctricas que puede usar en su trabajo por tan solo $1,000 - usted estará usando estas herramientas eléctricas durante años. Cuando le pagas a un contratista, estás pagando por sus herramientas indirectamente. Si alquilas herramientas, tienes que devolverlas y no puedes reutilizarlas en futuros trabajos. Una vez que compras tus propias herramientas, ¡están ahí para siempre! Si prefiere ahorrar en sus renovaciones y es un tipo de DYI, las siguientes son las herramientas más esenciales que necesitará para cambiar de trabajo:

- **Lavadora de alta presión** (para limpiar las cubiertas/colocación/exterior): $100-200.
- **Rodillo eléctrico** (para pintar interiores): $50-100.
- **Taladro inalámbrico** (para trabajos de perforación): $50-100.
- **Pistola de tornillos** (para atornillar lugares "difícil de hacer"): $30-100.
- **Sierra circular** (para todo tipo de corte de madera): $50-200.
- **Pistola de clavos** (para clavar): $150-400.
- **Pistola de calor** (para rayas de pintura y papeles pintados): $100-200.
- **Lijas** (para lijar arañazos en la madera): $100-200.
- **Sierra de sable** (si la sierra circular no es suficiente): $50-150.

Ahorro de dinero #4) Contrate estudiantes

Los jóvenes están dispuestos a trabajar por mucho menos que un contratista establecido - en muchos casos los jóvenes aceptarán trabajar un día completo por un pago de 50 dólares. Usted puede contratar a estudiantes que buscan trabajo para hacer trabajos básicos como deshierbar, limpiar, aspirar o lavar ventanas.

5) Alquile un contenedor de basura

Genera ingresos pasivos rentando propiedades

La renovación es un trabajo "desordenado" - usted se quedará con una montaña de basura una vez que haya terminado y debe deshacerse de ella. Los contratistas generales aplican cargos adicionales por los contenedores de basura que alquilan y transportan a un vertedero. Muchas compañías alquilan contenedores de basura donde los trabajadores pueden deshacerse de la basura por una cuota mensual. Si usas la misma empresa de alquiler de basureros te pueden dar descuentos por ser un cliente fiel.

Capítulo 7 - Cómo completar el cambio de casa

La Ventaja De Vender Su Propiedad Usted Mismo Vs. A Través De Un Agente De Bienes Raíces

¡Usted lo ha logrado - su casa de $50,000 ahora vale $100,000! El dinero que invirtió en la casa ahora se refleja en la brillante cocina, los baños de los suburbios y el interior actualizado. Usted ha completado cada paso de la renovación y está listo para vender la casa y cobrar su cheque de pago. ¿Debería usted dar el promedio de 6% de comisión (el equivalente a $6,000) a los agentes de bienes raíces? ¿Debería hacer un listado de "en venta por el propietario" para ahorrarse ese 6% en las comisiones de los agentes de bienes raíces? ¡Decisión!

¿Cuáles son las mejores maneras de ahorrar dinero y vender una casa? Hay 2 formas principales de vender una casa: 1) A través de un agente inmobiliario y 2) Por su cuenta (para la venta por el propietario - "FSBO"). Si usted elige a un agente de bienes raíces, le está dando permiso para que se haga cargo de todo el proceso de venta: La puesta en escena, el marketing y la venta. También le está dando al agente inmobiliario un recorte al final de la venta que se determina por un porcentaje fijo de hasta el 6% del precio total de venta. Los agentes de bienes raíces son contratados para casas más caras en promedio. En el 2008 un estudio realizado por la Asociación Nacional de Agentes de Bienes Raíces determinó que el precio medio de una casa vendida por un agente de bienes raíces era de $211,000 mientras que el precio medio de venta por propietario era de $153,000. ¿Significa esto que los propietarios no pueden vender casas sin un agente inmobiliario? ¡Definitivamente no! Hay numerosas maneras de vender una casa por su cuenta y ahorrar miles de dólares en un agente de bienes raíces. Sin embargo, contratar a un agente de bienes raíces conlleva numerosos beneficios en términos de eficiencia y tiempo - es casi como contratar a su propio asistente personal.

Los siguientes son los beneficios de contratar a un agente de bienes raíces que usted nunca supo que existía:

Ventaja del agente de bienes raíces #1) Los agentes de bienes raíces del comprador no mostrarán los listados de FSBO

Los agentes de bienes raíces que ayudan a los compradores a comprar casas pueden negarse a mostrar los listados FSBO (para la venta por el propietario). Esto se debe a que saben que no va a haber otro agente de bienes raíces que pueda conocerlos y ayudarlos con el otro extremo de la transacción. El agente del comprador puede negarse a mostrarle su casa a un comprador incluso si el comprador está tratando de hacer que vaya a visitarlo.

El agente de bienes raíces citará que tratar con los listados de FSBO es peligroso para sus clientes y que no deben comprar casas sin un representante para el vendedor. Quieren obtener una comisión garantizada y están cansados de listados que no tienen agentes inmobiliarios que les den la mano en el otro extremo. Si usted decide vender la casa por su cuenta, debe tener en cuenta que otros agentes de bienes raíces se verán desanimados por su casa y sabrán cómo venderla directamente a los compradores.

Ventaja del agente de bienes raíces #2) Los agentes de bienes raíces están emocionalmente separados

Vender la casa puede ser una pérdida emocional porque usted ha invertido meses de trabajo en la propiedad - usted estará tentado de deshacerse de la propiedad en la primera oferta de oferta decente. Los agentes de bienes raíces saben cómo negociar para obtener el precio más alto para cada casa. Cuando usted contrata a un agente de bienes raíces, se le quita el aspecto emocional cotidiano de tratar con los clientes de primera mano y esto lo hace menos propenso a tomar decisiones estúpidas. Las decisiones "estúpidas" incluyen sobrevalorar la casa, no contrarrestar las ofertas bajas porque usted está ofendido por una oferta baja, o agilizar la toma de decisiones si usted establece plazos para la venta. Un agente inmobiliario no tendrá la sensación de desesperación que un comprador que ha invertido 6 meses en la propiedad lo hará. Si usted vende la propiedad, es probable que revise nerviosamente su teléfono en busca de señales (mensajes de compradores, consultas, etc.) y esto puede afectar su juicio y su toma de decisiones. Retírate del proceso.

El rechazo es un gran negativo también - si un agente de bienes raíces trae a un cliente y usted les muestra la casa, pero luego deciden que no quieren comprar la casa, el agente de bienes raíces tendrá que aceptar ese rechazo. El agente inmobiliario solo le informará una vez que se venda la propiedad y no le informará de las reuniones individuales cuando fueron rechazadas. Puede ser molesto escuchar algunos de los comentarios de compradores potenciales si usted mismo renovó la casa y es por eso por lo que una persona neutral, como un agente de bienes raíces, puede ayudar al mantener la cabeza fría cuando muestra la propiedad a los posibles clientes.

Ventaja del agente de bienes raíces #3) La Venta Requiere Reuniones 24/7

Vender una casa es un trabajo de tiempo completo. Los agentes de bienes raíces trabajan las 24 horas del día para mostrar cada propiedad individual dependiendo de cuándo estén disponibles los compradores. ¿Qué pasa si alguien te llama para ver la casa y estás atascado en el trabajo? Te pierdes una pista potencial. ¿Qué pasa si usted está en una reunión y recibe una llamada de un comprador con preguntas sobre la casa? No te puedes molestar con eso. Si está trabajando todo el día (especialmente en múltiples propiedades), ¿tiene la energía para explicar a los compradores cada aspecto individual de una casa una y otra vez? ¿Tiene usted habilidades de marketing para mostrar cada una de las características individuales de la casa? Esto es lo que hace un agente de bienes raíces - trabajan las 24 horas del día vendiendo propiedades y reuniéndose con los clientes individualmente. Su trabajo es comprar propiedades, renovarlas y cobrar. Los agentes de bienes raíces son invaluables cuando usted está atado entre múltiples propiedades y no tiene tiempo para vender cada una de ellas.

Los agentes de bienes raíces les darán a los clientes como usted una caja de seguridad para la puerta de entrada que les permite mostrar la casa a los compradores cuando no esté. Una vez que todas las renovaciones hayan comenzado, usted ya no tendrá una razón para quedarse en la propiedad y el agente de bienes raíces puede hacerse cargo del procedimiento de venta.

Desventaja del agente de bienes raíces #1) Los agentes de bienes raíces se llevan una gran parte

La única desventaja de contratar agentes de bienes raíces es su comisión. ¿Debería contratar a un agente de bienes raíces? Depende de tus prioridades: Si quiere ahorrar dinero, sobre todo, una comisión del 6% le sentará mejor en su bolsillo. Si usted está financiando múltiples cambios y no tiene tiempo para jugar con cada comprador potencial, debe contratar a un agente de bienes raíces para que le quite el peso de la espalda. Le recomendamos que se venda usted mismo en el primer giro, ya que se quedará con más dinero y aprenderá los pormenores de la venta de casas. Si contrata a un agente inmobiliario de inmediato, se perderá la oportunidad de interactuar con los compradores y las lecciones que se derivan. La razón principal para contratar a un agente de bienes raíces es para ahorrar tiempo: Ellos hacen todas las ventas, preparan el trabajo y se encargan de los prospectos para usted. Si usted está en medio de 5 propiedades, usted quiere que un agente de bienes raíces se encargue del proceso de venta por usted y le permita concentrarse en la renovación de propiedades. Lo contrario es cierto: Si usted es nuevo en el negocio, puede ahorrar miles de dólares si NO contrata a un agente de bienes raíces.

Consejo: Ten paciencia. Si usted ha hecho renovaciones exitosas y ha fijado el precio de la casa apropiadamente, las ofertas llegarán. Es posible que no le gusten ciertas ofertas y que tenga que esperar semanas después de haber empezado a anunciar la casa para obtener una oferta adecuada. Permanezca paciente y ponga un precio realista a su casa, y probablemente obtendrá una venta rápida (¡menos de un mes!).

5 Mejores Estrategias De Marketing Para Bienes Raíces

Usted está listo para hacer una lista de la casa y empezar a recibir ofertas. Es hora de comercializar su propiedad de manera agresiva - si usted ha elegido renunciar a un agente de bienes raíces, estará compitiendo con cientos de agentes de bienes raíces en su área. Usted debe programar la colocación de su casa en los sitios web de bienes raíces más populares, subir las fotos, comunicarse con los compradores, programar exposiciones y cerrar la venta usted mismo. Estas son todas las cosas que su agente de bienes raíces hará una vez que usted las contrate, pero usted puede unirse al proceso y contribuir con las suyas propias para hacer que la venta sea más fácil. Las estrategias de mercadeo se pueden aplicar incluso si usted contrata a un agente de bienes raíces, ya que esencialmente utilizarán las mismas estrategias de mercadeo - la única diferencia es que la propiedad es más "de prestigio" si se vende a través de un agente de bienes raíces y los agentes de bienes raíces conocen a los compradores en persona Hay muchas cosas que puede hacer antes de aplicar el marketing, como contratar fotógrafos, escribir buenas descripciones, fijar el precio de la casa adecuadamente y filtrar a los compradores.

Preparar Paso #1) Tomar fotos profesionales

La primera impresión importa no solo por el atractivo de la acera cuando los compradores llegan para una presentación, sino también por Internet cuando están hojeando cientos de anuncios. ¡Usted quiere que su anuncio destaque! Para que esto ocurra, es necesario contar con profesionales que tomen fotografías profesionales. La sesión de fotos de su iPhone puede hacer el trabajo, pero un fotógrafo profesional tendrá una amplia gama de objetivos y equipos que pueden mejorar los colores de la propiedad y hacer que se vea aún mejor que en la vida real. La mayoría de los fotógrafos también tienen drones que pueden tomar fotos aéreas para mostrar el vecindario circundante si se encuentra en una zona privilegiada. Las fotos aéreas pueden acelerar la venta de una propiedad por un margen del 30%. La mayoría de los fotógrafos son baratos y no le cobrarán más de unos pocos cientos de dólares por la toma y el post-procesamiento. Por el impacto que pueden tener en la venta de una propiedad, la fotografía profesional es imprescindible.

Preparación Paso #2) Escribir descripciones creativas

La primera cosa que la gente nota una vez que abren su listado es la descripción - ellos quieren ver si esto cautiva su atención. Usted no solo quiere escribir "2 dormitorios y 2 baños por $ 200,000". Desea escribir "¡Casa de ensueño de 2 dormitorios y 2 baños, a 5 minutos de la [Ciudad de Atracción] por solo $ 200,000!". Eche un vistazo a docenas de propiedades y observe qué descripciones se destacan. Copie el estilo de escritura de esas descripciones y reemplácelas con su propia información. Si el anuncio cautivó su atención, tendrá el mismo efecto en otro cliente potencial. Asegúrese de verificar los errores de ortografía y corrija su **Paso previo #3) Establecer precios inteligentes**

Los precios de las casas en Internet no funcionan igual que en las tasaciones de la vida real. Cuando usted se encuentra con un tasador y/o compila su lista de "ventas compras" usted obtendrá una tasación de valor general - esto no significa que usted debe usar esa tasación como el precio de venta de la casa. Lo que vende una casa en Internet es un "precio inteligente". En lugar de listar la casa por $200,000 es mucho más efectivo listarla por $199,999. ¿Qué impacto tendrá esto en la venta? En muchos sitios web, la gente reduce su búsqueda en función del precio. Si buscan hasta $200,000, no podrán ver su listado. Los precios inteligentes ayudan a crear una sensación de "asequibilidad" porque la propiedad parece más asequible para la persona promedio que el precio total.

Paso de preparación #4) Filtrar compradores

El principal problema de los sitios web inmobiliarios en línea es que están abiertos a todo tipo de compradores: Usted podría obtener intereses de compradores que no son económicamente capaces de comprar una propiedad. Esta es la razón por la que los agentes inmobiliarios filtran a los compradores por adelantado: El agente inmobiliario del comprador revisa sus finanzas para asegurarse de que están "calificados" y luego envía pistas calificadas al agente inmobiliario del vendedor basándose en el rango de precios para hacer una venta rápida. Ellos a cambio obtienen un 3% cada uno de la venta. Internet es el "salvaje oeste" en términos de perspectivas, porque nunca se sabe si realmente van en serio o si te hacen perder el tiempo. Contratar a un agente de bienes raíces que tenga conexiones con otros agentes de bienes raíces puede ayudarle a ahorrar tiempo enviando solo compradores calificados a su localidad.

Las 5 mejores estrategias de marketing para bienes raíces

Si usted ha completado con éxito el trabajo creativo (fotografía, redacción publicitaria, precios), es hora de hacer que su propiedad sea visible para los futuros clientes potenciales. Incluso si su propiedad está en perfecto estado, usted tiene las mejores fotos/fotografías aéreas, tiene una buena copia de ventas y precios - nadie sabrá que su propiedad existe a menos que usted la liste en grandes sitios web en línea. Las siguientes son las mejores maneras de comercializar una propiedad en Internet (¡todas gratuitas!):

Estrategia de Marketing #1) lista de sitios web de bienes raíces

Para listar su propiedad en línea, comience con los sitios web más grandes - el más prominente de los cuales es Zillow. Zillow actualmente tiene más de 100 millones de propiedades en venta en los Estados Unidos que incluyen casas, condominios, edificios comerciales, ejecuciones hipotecarias y más. Zillow puede estimar el precio de una propiedad usando listados similares y tienen datos para cada código postal en los Estados Unidos. Su base de datos es enorme y reciben docenas de millones de visitantes cada día. Un listado en Zillow expondrá su propiedad a miles de compradores potenciales en su área inmediata. El Grupo Zillow también es propietario de Trulia.com, que es uno de los principales actores de la industria inmobiliaria. Actualmente los listados en Zillow son gratuitos y le permiten subir fotos, videos e información clave sobre la propiedad. Los compradores tendrán acceso a su información de contacto y la posibilidad de llamarlo/correo-e para enviarle ofertas.

Estrategia de Marketing #2) Lista de sitios web de anuncios clasificados

Los sitios web clasificados más grandes en Internet son Craigslist y Nextdoor: Ambos son sitios web muy frecuentados por personas que desean comprar una casa. Craigslist en particular es el sitio web de anuncios clasificados más grande del mundo y sus listados son gratuitos, y usted puede volver a crear listados una vez que sus antiguos listados expiren. Craigslist le dará la exposición a la gente en su área que busca comprar la propiedad y puede hacer para una venta rápida.

Estrategia de Marketing #3) Anuncios impresos de la vieja escuela

Comercialice a la antigua usanza - imprima anuncios y póngalos en el vecindario inmediato. ¡Las personas más interesadas en propiedades en su área van a ser las personas que ya residen allí! Muchas veces la gente está en busca de casas de segunda inversión que pueden comprar y/o pasar a sus hijos. Si están ubicados justo donde viven, es más conveniente para ellos porque podrán mantenerse en contacto con la familia. Usted puede imprimir una foto de su casa, hacer una lista de detalles básicos/precio de venta y enlucirla por todo el vecindario, tales como parques locales, estaciones de autobuses, puestos de electricidad y más. Verá anuncios así todo el tiempo porque esta estrategia de marketing sigue siendo eficaz. Si quiere dar un paso más, contrate a un diseñador para que haga un folleto con su propiedad que destaque los detalles de cada habitación y organice "Jornadas de Puertas Abiertas". Su agente de bienes raíces puede ayudarle a organizar días de puertas abiertas que durarán desde la mañana hasta la tarde, típicamente los fines de semana. Esto deja la casa abierta para todos los que quieran visitarla en persona.

Estrategia de Marketing # 4) Hacer un video de YouTube

Usted no tiene que ser Scorsese para hacer un *"House Tour"* para YouTube. Para hacer un video de YouTube, todo lo que tienes que hacer es grabar un paseo por la propiedad: Esto aumentará dramáticamente su interés en línea porque la gente tendrá la sensación de que ya está en la casa. También reducirá la lista de personas que están realmente interesadas en comprar la propiedad porque no serán sorprendidos una vez que pisen la propiedad.

A muchos compradores no les gusta una casa una vez que están en una exposición porque no saben qué esperar - solo han visto unas pocas fotos. Si un comprador ve una visita guiada a su casa y todavía está interesado, esto significa que es más probable que compre la propiedad. Combine los videos aéreos que su fotógrafo tomó con su dron y haga una pequeña caminata de 2-3 minutos alrededor de la propiedad. Cuando suba la propiedad, escriba la dirección y la ciudad/código postal que le interesará aún más a la gente que busca esa ubicación.

Estrategia de Marketing #5) Crear un sitio web dedicado

El paso final es hacer un sitio web para la propiedad. La construcción de un sitio web dedicado puede parecer mucho trabajo, pero es una inversión que vale la pena en comparación con la simple inclusión de la propiedad en los sitios web de bienes raíces. Puede utilizar paquetes *plug-and-play* de alojamiento y de creación de sitios que le permiten crear un sitio web sobre la marcha. Su dirección especial [yourdomain] .com seguramente estará disponible y un paquete puede costar tan poco como $ 10-20 al mes. Solo tiene que alojar un sitio web hasta que se venda la propiedad y luego puede cerrarlo.

Cómo organizar su propiedad para ganarse a los compradores

¿Recuerda cuando era niño y sus padres lo hacían limpiar su habitación antes de que llegaran los parientes para dar una buena impresión? Es hora de poner los toques finales en su propiedad y prepararla para las presentaciones - la propiedad tiene que estar en perfectas condiciones y hacer que los compradores se sientan como si ya estuvieran viviendo en ella. Esto se llama "puesta en escena". La pieza final del rompecabezas de la venta de una propiedad es ponerla en escena para los compradores. El agente inmobiliario organizará "jornadas de puertas abiertas" en las que presentará la propiedad a múltiples personas y el interior y el exterior tienen que estar en perfectas condiciones para causar una buena impresión. Esto significa que no hay escombros del serrín que su contratista dejó atrás, no hay manchas amarillas en el césped, no hay azulejos sin empaquetar esperando en el baño. La propiedad tiene que estar completamente amueblada, limpia y lista para presumir. Los agentes inmobiliarios se refieren a todo el proceso como "puesta en escena". En muchos casos usted quiere poner en escena una propiedad antes de empezar a tomar fotos y publicarlas en línea. La puesta en escena no se recomienda para todas las casas: la mayoría de los lanzamientos de bajo valor no requieren puesta en escena y los agentes inmobiliarios se saltearán los días abiertos a favor de una venta rápida. La puesta en escena tiene que hacer que el hogar se sienta como si las personas vivieran en él; la clave para una puesta en escena exitosa es hacer que se sienta como un hogar real.

Los compradores que asisten a las jornadas de puertas abiertas prestarán atención al nivel de limpieza y mantenimiento de la propiedad. ¡Dos agentes inmobiliarios combinarán fuerzas y atraerán compradores "calificados" que se encuentran en el rango de precios de la propiedad, y los compradores tomarán decisiones impulsivas y comprarán una propiedad por capricho! Por eso es imprescindible dar una buena primera impresión para la venta de la propiedad. Incluso si tiene que pagar más por el lavado de la electricidad y la jardinería, vale la pena, ya que acelerará la venta de la casa. La decisión final de los compradores siempre será impulsada por la emoción y si perciben la casa como de alto valor a su llegada, estarán ansiosos por comprarla y hacer ofertas más altas. Esto le ayuda porque saca su propiedad del mercado, ahorrándole costos de transporte y permitiéndole comprar otra propiedad.

Cómo funciona la puesta en escena: Lo Básico

La puesta en escena funciona resaltando las fortalezas de la casa y camuflando las debilidades. La apariencia es el único factor que impulsa el 90% de todas las compras en bienes raíces, y las pocas personas que están dispuestas a comprar una casa que no les atrae visualmente son los inversores. Aunque ninguna casa es perfecta, hay muchas características que usted puede realzar en una casa típica que mostrará las mejores partes de la casa y ocultará las peores. Por lo general, esto se reduce a decisiones inteligentes. **Ejemplo**: Tiene una gran ventana que da al atardecer en el segundo piso. No cometa el error de cubrir esa ventana y en su lugar mostrarla como un punto culminante. Agregue o retire muebles que aumenten el tamaño de la habitación.

Puesta en escena del interior

Para poner en escena áreas de la casa como la cocina, puede reemplazar completamente la cocina anticuada con una nueva cocina llave en mano (que puede costar hasta $20,000) o simplemente reemplazar los electrodomésticos. Una manera mucho más rápida de preparar una cocina es comprar electrodomésticos nuevos de acero inoxidable que crearán una apariencia limpia y nítida para sus compradores. Lo mismo se aplica a la sala de estar: Si coloca una nueva pantalla de plasma brillante, la sala de estar tendrá una apariencia de lujo y modernidad.

Puesta en escena del exterior

Si la casa tiene un gran patio trasero con su propio patio o área de terraza, ¡no lo deje vacío! Compre algunas sillas sólidas y una mesa para permitir que los compradores visualicen su vida y todos los recuerdos que puedan tener en ese patio trasero. Los compradores tienen que imaginarse a sí mismos asándose allí, jugando con sus hijos y pasando tiempo con su familia. Para ello, compre los muebles que necesite y facilite estas experiencias. Si el césped está en mal estado, contrate a un jardinero que pasará unas horas arreglando los puntos "calvos" del césped y considere la posibilidad de contratar a pintores que puedan pintar el césped de color amarillo.

Consejo de puesta en escena #1: Arreglo de muebles

Reconsidere la ubicación de los muebles en la sala de estar y en las habitaciones - los compradores analizarán el espacio para saber si tienen suficiente espacio para moverse cómodamente por el área. El arreglo es clave aquí - asegúrese de que los sofás y las sillas estén colocados de manera que permitan la conversación. Si la habitación se siente desordenada, tire los muebles a la basura. Muchas veces se necesita un diseño minimalista con el sofá principal, una mesa y algunas sillas laterales. Enfoque en la alineación "conversacional" de los muebles. ¿La sala de estar puede acomodar a 5-10 personas que tienen una conversación? Si la respuesta es no, compre los muebles o reorganícelos de una manera que permita la conversación.

Consejo para la puesta en escena #2: Apertura de espacio

Muchas habitaciones pequeñas, como la segunda, pueden sentirse estrechas - para crear una sensación de apertura, mueva los muebles justo al lado de las paredes. Esto abrirá el espacio vacío y ampliará el espacio en la habitación. Lo contrario se aplica a las habitaciones grandes - si hay demasiado espacio, tire de los muebles hacia el centro de la habitación, lo que liberará espacio entre los muebles y las paredes. En ambos casos, la reordenación puede abrir el espacio y mostrar a la gente que las habitaciones tienen espacio para el movimiento.

Consejo profesional: Los muebles deben indicar la forma en que se mueve el tráfico en las habitaciones. Concéntrese en crear un espacio fluido para caminar donde la persona no tenga que pensar en rebotar sobre los muebles. Los compradores deben ser capaces de navegar alrededor de grandes piezas de mobiliario como camas y sofás.

Consejo de puesta en escena #3: Compra de accesorios

Invierta en accesorios como flores y libros para mejorar la sensación de comodidad en una habitación. Si las habitaciones se sienten demasiado "vacías", puede comprar flores y colocarlas cuidadosamente en las mesas o cerca de las paredes, donde realzan la sensación hogareña de la propiedad. Los accesorios deben determinar el propósito de una habitación. **Ejemplo**: El exterior debe tener mecedoras relajantes donde los residentes puedan relajarse. La sala de estar debe tener una mesa principal y un lugar para libros. La mayoría de los accesorios son baratos y universalmente atractivos, lo que hace que la casa sea más deseable para los compradores.

Capítulo 8 - Mantenerse Inteligente

Errores Que Hay Que Evitar A Toda Costa Al Cambiar De Casa

¿Crees que tu presupuesto de renovación de 50,000 dólares no podría fracasar? Incluso si no gasta lo suficiente en sus renovaciones, hay "banderas rojas" que debe evitar antes y después de la compra de una propiedad. ¡Detalles! Cuando usted está comprando una casa, cuando está hablando con contratistas, comprando un seguro, enviando inspectores y renovando tiene que prestar atención a las siguientes "banderas rojas" que podrían indicar que su propiedad va a fracasar por adelantado. El impacto del fracaso en cada uno de ellos podría reflejarse en decenas de miles de dólares perdidos en su balance final. Los dos mayores problemas a los que se enfrentará son el precio de adquisición y las pérdidas de los contratistas, y ambos dependerán de su conciencia. El primer problema está relacionado con el precio de compra: Si usted compra una casa por más de su presupuesto inicial, tendrá menos dinero para la renovación, lo que le deja con pocas o ninguna ganancia al final. Si usted no investiga a sus contratistas y ellos hacen un trabajo descuidado, tendrá problemas para vender la propiedad al final de cada renovación.

1) Sobre/bajo la renovación de una propiedad

Ejemplo: Si una propiedad necesita $30,000 en renovaciones: $10,000 por un baño, $10,000 por una cocina y $10,000 repartidos entre otros costos misceláneos - usted no debe gastar $50,000 (gastos excesivos) o $15,000 (gastos inferiores): ¡Usted tiene que invertir esa cantidad exacta! Concéntrese en las mejoras que la casa necesita desesperadamente. ¿La cocina está en buen estado, pero el baño se está cayendo a pedazos? Gastar el 50% de su presupuesto en el baño y gastar menos en la cocina - no tiene sentido invertir igualmente si una habitación está en peor forma que otra. Las cosas se pueden poner caras rápidamente: Algo tan simple como una nevera inteligente puede terminar costando miles de dólares. Tal vez dejar de trabajar en el patio trasero y concentrarse en el interior. Busque baldosas y pisos de menor costo. Comprar ebanistería a la venta. Los compradores no pueden diferenciar entre un piso de $5/pie cuadrado y uno de $10/pie cuadrado - esto podría hacer una gran diferencia en su balance final. Mantenga las renovaciones "fáciles" centrándose en lo básico, es decir, en las reparaciones cosméticas. En el momento en que usted entra en cuestiones estructurales, techado, trabajo de cimentación - no son soluciones "fáciles" y su presupuesto se sobreexplotará rápidamente.

Visite las ferias comerciales o "casas abiertas" donde podrá ver nuevos desarrollos suburbanos: ¿Qué tienen dentro? Revise su sistema de HVAC, plomería, instalación eléctrica, electrodomésticos de cocina, etc. Si los inversionistas están gastando millones de dólares en desarrollos, están haciendo que esos dólares regresen a lo grande. Esto significa que sus casas están de moda y usted puede copiar directamente para su propiedad. Para "sorprender" a sus futuros clientes, debería invertir en aparatos inteligentes de pequeño tamaño, como termostatos, sistemas de seguridad y accesorios LED. Esto solidificará el valor de sus actualizaciones inteligentes.

2) Tomar proyectos más grandes de lo que puede pagar

Si este es su primer cambio, comience con casas pequeñas y nunca gaste más de $40,000 en una renovación. Su número mágico es $40,000 - esto es suficiente para renovar la mayoría de las casas promedio en los Estados Unidos. Extienda ese presupuesto a $15,000 para baños, $15,000 para la cocina y $10,000 para compras menores. Si usted comienza con renovaciones de $100,000, se sentirá abrumado por el alcance del trabajo y los niveles de administración que tendrá que poner en ese nivel de rehabilitación.

Realice renovaciones cada vez más grandes para obtener mayores márgenes una vez que sea plenamente consciente de los riesgos y de las relaciones cotidianas con los contratistas. Ejemplo: una rehabilitación grande puede requerir derribar una pared para abrir el área de la cocina a la sala de estar. ¿Qué sucede cuando derribas la pared? Tienes que comprar refuerzos adicionales, descubres molduras, algunas termitas pueden esconderse debajo de la pared y ahora estás pagando por otras 5 cosas a la vez (que no calculaste en tu presupuesto inicial). Todos estos problemas pueden extender el tiempo que lleva renovar y vender. Si se enfoca en renovaciones por debajo de $ 40,000 <, se está poniendo en un riesgo mínimo y está casi garantizado que venderá.

Las reparaciones cosméticas de menos de $40,000 son "fáciles" y lo familiarizarán con las reparaciones en todos los niveles: Sabrás cómo reparar la cocina, el baño y el suelo. Usted sabrá cómo arreglar el exterior y hacer que la casa sea atractiva. Sabrás cómo instalar sistemas de seguridad. Aquí es cuando usted estará listo para pasar a mejoras más grandes como cambiar los cimientos, derribar las paredes, unir las habitaciones, añadir espacio/garajes, e incluso añadir/remover pisos enteros.

3) Olvidarse de la red

El negocio inmobiliario es anticuado y la gente valora las "conexiones": Necesitará una red de profesionales con ideas afines que le ayuden a Cambiar sus propiedades y actuar con rapidez. ¿Qué sucede cuando te encuentras con un problema repentino como el de los azulejos del baño y necesitas un segundo subcontratista? Usted podría simplemente llamar a su amigo de bienes raíces y él lo referirá a los subcontratistas adecuados porque se ha encontrado con un problema similar antes. La mayor dificultad antes de empezar es no establecer contactos: Pasa un mes asistiendo a eventos y conferencias de *networking* antes de su primer cambio. Haga amigos en el negocio y visite sus sitios de construcción para ofrecerles una mano. Una vez que tienes amistades, tienes gente en quien confiar para obtener consejos y conexiones si alguna vez te encuentras con problemas (¡lo cual harás!).

4) No inspeccionar la casa antes de comprarla

El tasador y el agente inmobiliario tienen que echar un vistazo detallado a la infraestructura existente para informarle de cada actualización que tenga que hacer - no compre una casa antes de un análisis detallado. Muchos compradores principiantes son tímidas o demasiado confiadas y piensan que debido a que una propiedad está en buen estado estético, no va a requerir grandes mejoras. El tasador tiene que echar un vistazo detallado al sistema de calefacción, ventilación y aire acondicionado, plomería, electricidad, techo/forma estructural, chimenea, y más para asegurarse de que la infraestructura de la casa esté en forma sólida. Evalúe cuidadosamente las actualizaciones necesarias, ya que éstas se reflejarán en su presupuesto de renovación, lo que tendrá un impacto directo en el beneficio neto que le queda al final de cada venta.

5) Pagar en exceso por las casas

Digamos que una casa vale $80,000 basado en la información de los tasadores/agentes de bienes raíces, pero el vendedor pide $90,000 - usted debe negarse a pagar. Muchos compradores principiantes son impulsados por la emoción y piensan que, porque una vez se toparon con un buen trato, no volverán a toparse con un buen trato. Te dices a ti mismo "Y qué, son solo 10.000 dólares", pero al final del día ese dinero podría haber ido a parar a tu bolsillo si simplemente hubieras seguido adelante. Recuerde que el precio de compra puede tener un impacto significativo en la ganancia neta que usted se lleva a casa - el precio de compra puede afectar esto tanto como el costo de la renovación. Calcule cuánto puede gastar estimando el ARV y la regla del 70% y no sobrepuje ni un solo centavo. Usted debería estar haciendo una oferta a la baja a los vendedores de la misma manera que los compradores tratarán de hacerlo una vez que usted venda su propiedad. Recuerda la regla: Pague menos, gane más.

6) Olvidar aumentar el seguro de cobertura

En el momento en que renueva una casa, llame inmediatamente a su compañía de seguros y pida cobertura adicional. Los planes de seguro de vivienda aseguran una vivienda al 100% del valor de esta. ¿Qué pasa cuando se realizan reformas y el valor de la vivienda aumenta un 30%? Necesitas un 30% adicional de cobertura para cubrir ese pico. Si usted no aumenta el seguro y algo le sucede a la casa, usted perderá mucho dinero. Tan pronto como haga las renovaciones, debe acudir a la oficina del seguro para aumentar la cobertura de la vivienda en base al nuevo valor estimado.

7) No seleccionar a los contratistas

¿Crees que verificar las licencias y los bonos es suficiente? ¡No! Debe investigar a fondo a cada contratista como si los estuviera acosando: llame sus referencias anteriores, visite los sitios de construcción actuales en los que están trabajando, revise su cartera y visite esas propiedades, lea las reseñas en la Lista de Angie y Google para verificar que no hay No hay historias de horror de inversores que tratan con esos contratistas. Una vez que haya comprobado y verificado su fiabilidad, es cuando firma el contrato. No se puede confiar en un contratista con decenas de miles de dólares con fe ciega. Usted quiere asegurarse de que su inversión está segura en sus manos y la única manera de hacerlo es la investigación de diligencia debida.

8) Contratación de mano de obra excesivamente barata

¿Qué pasa si usted contrata a un contratista barato y descubre gabinetes mal colocados en la cocina con brotes de cigarrillos por toda la casa? ¿Qué pasa si el contratista retrasa el trabajo indefinidamente, pero toma su dinero por adelantado? Hay muchas cosas que pueden salir mal con la mano de obra barata. Siempre opte por contratistas "promedio" que tengan buenas críticas. Los mejores contratistas le cobrarán de más por el trabajo básico. Los contratistas más baratos tienden a ser poco fiables (hay que rehacer el trabajo). Los contratistas promedio hacen el trabajo y esperan una compensación regular. Hay ciertas excepciones: Si un abogado comienza a pagar $20 la hora, usted sospechará porque muchos abogados cobran 10 veces más. Sin embargo, si quieren construir su nombre, estarán dispuestos a trabajar por casi nada. ¡Aproveche!

Los factores antes mencionados podrían afectar su resultado final por decenas de miles de dólares - ¡tenga cuidado! Usted puede gastar en exceso en cada hito del negocio de cambio de casas: Asegúrese de que cada dólar que invierte tiene un factor multiplicador (¡por cada dólar que invierte desea obtener al menos dos dólares de vuelta!).

4 señales de advertencia de que su casa está cambiando Estás en medio de un comprador, ¿qué podría salir mal que no puedes planear con anticipación? Si las ventanas no se abren, si la manija de la puerta está atascada, si el trabajo de pintura se siente apagado, hay muchas cosas que descubrirá "en el momento" que no podía premeditar y debe arreglar en ese momento y allí. Esto es lo que llamamos "señales de advertencia": Problemas que aparecen a mitad de la construcción que debe calibrar en el momento y resolverlos inmediatamente. En la mayoría de los casos, notas señales de advertencia cuando es demasiado tarde.

Ejemplo: Un contratista termina el suelo y el suelo es desigual. A continuación, tiene que sacar la sección desigual o cubrirlo de alguna manera. Debes aprender de la experiencia cometiendo errores y arreglándolos. La mayoría de los errores no serán culpa suya, sino la culpa del contratista. A pesar de que el 80% de todas las renovaciones van sin problemas, el 20% puede ser una pesadilla si tienes en un presupuesto ajustado y tienen que repetir un trabajo importante. No te culpes a ti mismo porque incluso un contratista experimentado puede estropear de vez en cuando. Tenga cuidado con las siguientes señales de advertencia durante su renovación:

Señal de advertencia #1) Puertas y ventanas no se abren

El problema de renovación más grande y común es la falta de una colocación cuidadosa de puertas y ventanas. Muchos trabajadores se apresurarán a "hacer el trabajo" y desalinearán el posicionamiento o se equivocarán los ángulos. De esta manera, usted, como residente, no puede disfrutar de un paseo informal por su hogar. Ejemplo: la manija de la puerta no se traba de manera segura (pernos sueltos). La puerta no cierra suavemente debido a una mala inclinación. La puerta no se aferra a la propiedad una vez que está cerrada, pero una pequeña presión puede abrirla. Lo mismo se aplica a las ventanas: un pequeño cambio de milímetro en las ventanas puede hacer que la casa no funcione según lo previsto, y fugas climáticas como el viento.

Muchos contratistas solo reemplazan la puerta, pero olvidan reemplazar la jamba, lo que crea serios problemas cuando los dos no están alineados correctamente. Para evitar eso, contrate contratistas que reemplacen la jamba junto con la puerta. De esta manera, todo se alinea perfectamente una vez que cierra la puerta. Si contrata mano de obra barata, experimentará mucho trabajo descuidado en detalles como estos. La puerta y el marco de la puerta deben cuadrarse para que el trabajo se considere exitoso. Vuelva a verificar para asegurarse de que las ventanas se abran y cierren correctamente. Prueba todos los embragues. Póngase en contacto con el contratista y solicite soluciones si algo sale mal: usted les pagó.

Señal de advertencia #2) Mal trabajo en la cocina

Recuerde la frase: "La cocina es el corazón del hogar". La cocina venderá su hogar y la atención al detalle en la cocina es imprescindible. Su contratista debe alinear el diseño de la cocina de manera funcional. Si tiene un mal diseño en la cocina, no puede camuflarlo comprando electrodomésticos de acero brillante y nuevas encimeras de granito. Lo primero que notará cuando ingrese a una cocina mal renovada es que los electrodomésticos no están colocados correctamente. También habrá espacios entre las encimeras y las puertas nuevas que están mal instaladas en los gabinetes viejos. Los buenos contratistas también organizarán el lado "invisible" de la cocina. Por ejemplo, debajo del fregadero de la cocina, generalmente tiene el conector del lavavajillas, los desagües y el triturador de basura al mismo tiempo. Asegúrese de que no interfieran con el funcionamiento de los demás y / o retire ciertas partes de allí de manera adecuada.

Señal de advertencia #3) El sistema de HVAC (Calefacción, ventilación y aire acondicionado) está sucio

HVAC: abreviatura de "Calefacción, ventilación y aire acondicionado" es el sistema de gestión de la temperatura de la casa. El sistema HVAC es la clave para cualquier hogar confortable. Sin embargo, muchas veces no se pueden ver los escombros que se acumulan en el sistema de la casa durante las reparaciones que duraron meses. Si la renovación duró medio año, tiene que eliminar mucha basura y debe contratar un equipo de saneamiento adecuado para el sistema HVAC. El HVAC es un nido para bacterias en el aire y polvo de paneles de yeso. Coloque el dedo sobre las aspas del ventilador y observe si están llenas de polvo de paneles de yeso. Si su dedo está cubierto de polvo, esta es una muy mala señal. Eche un vistazo al núcleo del evaporador del aire acondicionado y haga que un equipo profesional lo limpie al final de la renovación. Esta será una renovación barata pero significativa. Los compradores pueden pensar que la casa está en excelente forma al observar las reparaciones cosméticas que ha realizado, pero hay reparaciones subyacentes que debe realizar por su propio bien que son invisibles.

Señal de advertencia #4) El suelo es desigual

No hay una señal de advertencia más grande que mirar hacia abajo y ver parches desiguales a nivel del suelo: ¡así es como sabes que tu contratista se equivocó! Si desea evaluar qué tan rápido se volcará su propiedad, eche un vistazo al estado del piso. Si el piso está nivelado hasta la moldura de la base, debe cortar los fondos y retirar la moldura de la base. Una vez hecho esto, puede volver a colocar el piso.

En muchos casos, el moho se acumulará rápidamente y tendrá que volver a hacer el trabajo. El piso tiene que mirar directamente a los bordes de la casa porque es lo primero que comprarán los compradores una vez que revisen la propiedad. Si los compradores notan suelos pobres, esto será un indicador de que la casa fue remodelada por contratistas torpes y asumirán que la casa tiene problemas más serios, como el trabajo eléctrico y la plomería, que deben repararse.

4 Estrategias De Salida Para Tener Siempre En Cuenta

Pones decenas de miles de dólares en una propiedad, las renovaciones se llevaron a cabo y está a punto de venderse. ¿Qué pasa si la casa no se vende? ¿Cuáles son las estrategias de "último recurso" que puede implementar para prepararse para el peor de los casos? En casa cambiada, se llaman "estrategias de salida". Si un cambio sale mal, si todo se desmorona, debe tener una "estrategia de salida" para ahorrar dinero y salir. Muchos listados de FSBO fallan debido a la falta de comercialización, a la falta de conexiones con agentes inmobiliarios, a malas renovaciones o a todo lo anterior. Para empezar, concéntrese en no gastar demasiado dinero en sus renovaciones. Si su presupuesto de renovación es de $ 40,000, no gaste de más en un centavo. Trate de reducir los gastos de su contratista por adelantado, lo que garantiza que, si termina con recargos, lo pagará con el dinero sobrante. Si gasta imprudentemente, terminará excediendo el presupuesto en su renovación y esto podría retrasar su venta ya que tendrá que vender por más de lo que inicialmente calculó para alcanzar el punto de equilibrio. La mayoría de los compradores de casa terminan siendo rentables y / o el comprador recupera su dinero en lo más mínimo.

Consejo Profesional: No se asuste - Está a salvo. Una vez que ha comprado una propiedad, tiene un activo que puede revender incluso sin renovarlo. Nunca puede caer demasiado bajo a menos que gaste imprudentemente en actualizaciones que no son necesarias.

Estrategia de salida #1) Bajar el precio

No nos gusta escucharlo, lo peor que un agente de bienes raíces puede decirle a un vendedor es "bajar el precio". Sin embargo, este método es la estrategia de salida más rápida para salir de una mala casa. Si los contratistas se equivocaron y no tiene tiempo para volver a hacer los trabajos, simplemente baje el precio de venta y probablemente venderá la casa en las primeras semanas. Si su propiedad vale $ 200,000 y su ganancia neta es de $ 20,000, podría valer la pena reducirla a $ 190,000 y solo terminar con una ganancia de $ 10,000 en lugar de esperar meses para vender la propiedad al precio de $ 200,000.

De esta manera puede "salir" de un mal negocio y pasar a mejores propiedades con mejores contratistas. El tiempo es esencial aquí, especialmente en dinero prestado. Cada día que su casa se sienta en el mercado aumenta su costo y gastará miles en primas de seguro que probablemente se dispararon después de renovar la propiedad. Menores beneficios son una mejor opción que permanecer en el mercado durante medio año. Recuerde que su tiempo es precioso y una vez que salga puede tomar las lecciones que aprendió de esta propiedad y aplicarlas en la próxima para obtener más ganancias. Si está leyendo esto con anticipación, tenga cuidado con sus estimaciones de ARV y asegure su ARV por adelantado para evitar estrategias de salida drásticas.

Bajar el precio significa aceptar la pérdida y proceder a mejorar. Aprenderá mucho al obtener menores ganancias si sus renovaciones fallaron debido a contratistas malos y / o problemas secundarios que nunca esperó. Incluso los compradores experimentados tienen problemas que surgen al azar. ¡Acepte la pérdida y gane la próxima! Recuerda que el tiempo es importante. Si solo pasara 3 meses comprando, renovando y vendiendo, podría avanzar mucho más rápido. No estás apegado emocionalmente a una propiedad que pasaste solo unos meses renovando. Tendrás al menos 3 intentos más para hacerlo bien en el mismo año. Lo que falló o salió mal que no le permite vender la casa al precio total de ARV, no repita ese error nuevamente. Esta vez serás más inteligente.

Estrategia de salida #2) Ofrecer un contrato de arrendamiento

Usted tiene un comprador motivado que busca comprar a precio completo - el problema es que no pueden pagar una hipoteca todavía. El "menor" es el vendedor (usted) y el "arrendatario" es la persona que le compra una propiedad con un contrato ampliado. Ellos serán capaces de pagar una hipoteca 6 o 12 meses después de la línea una vez que obtengan una promoción, reunir más dinero para un pago inicial, etc. En el arrendamiento, el comprador podrá hacer un depósito que usted cobrará al inicio del arrendamiento. El depósito entonces asegura su derecho a comprar la propiedad en una fecha acordada más adelante. Esto le da algo de dinero en efectivo y la seguridad de que ha encontrado un comprador. Usted podrá sentir algunas de las ganancias de inmediato. El arrendamiento implica que ambos están de acuerdo con ciertos "términos de arrendamiento" - el comprador le pagará una cuota mensual de arrendamiento además del alquiler que aumentará su flujo de efectivo y les dará tiempo para reunir dinero para una hipoteca completa que pagará la casa y le devolverá su inversión. El arrendamiento es incluso una opción más inteligente que el alquiler porque el inquilino tiene un interés mucho mayor en la propiedad y está de acuerdo en comprarla en una fecha fija. Su "inversión" en la propiedad significa que cuidarán mucho mejor la propiedad ya que planean vivir allí para siempre. El pago inicial/depósito inicial de un contrato de arrendamiento debe ser de al menos 5 cifras: $10,000-50,000 dependiendo del precio de la casa. Este depósito no es reembolsable.

Es legal cobrar un "pago inicial opcional" que es el anticipo que el arrendatario paga por vivir en la propiedad. Sin embargo, si cambian de opinión sobre la compra de esa propiedad, no tendrán derecho a un reembolso. Necesitará un abogado de bienes raíces que pueda redactar los contratos que lo protejan contra los arrendatarios que cambien de opinión. Este es un método empleado por personas que esperan ganar más dinero en un cierto período de tiempo que les permitirá comprar la casa directamente, y es utilizado por personas que ya tienen acceso a capital, pero su calificación crediticia es mala y no son elegibles para una hipoteca. En muchos casos, la calificación crediticia puede verse afectada no solo por gastos imprudentes, sino simplemente por una bancarrota, como un divorcio, muerte y/o problemas de salud. Puede haber muchos escenarios de por qué el crédito de una persona se vio afectado, pero todavía están en el mercado para comprar una casa - solo tiene que darles el tiempo para reunir el dinero para financiar una compra completa. Usted puede cobrarles cuotas de alquiler además de la cuota de arrendamiento por adelantado. Esta es la mejor estrategia de salida para las personas que no quieren bajar su precio de venta, pero tienen tiempo y quieren resolver el problema a largo plazo.

Estrategia de salida #3) Conviértase en propietario

La buena y vieja estrategia del señor de la tierra es el camino para seguir para las personas que no quieren conformarse con precios más bajos y que están muy invertidos en un proyecto. Si el valor de su casa es de $500,000, probablemente no quiera dejarla ir por $450,000 solo para hacer una venta rápida. En este caso, los ingresos por alquiler que usted recauda pueden cubrir su hipoteca, facturas de servicios públicos, seguros, impuestos e incluso dejarle con algunas ganancias al final para financiar otros negocios. Los ingresos por alquiler son un negocio serio y muchas personas se especializan en comprar propiedades baratas solo para alquilarlas, no para venderlas. Es posible alquilar la casa y listarla en el mercado al mismo tiempo, lo que le permite recaudar ingresos mientras está tratando de sacar provecho de la gran venta. Si su préstamo tiene tasas de interés altas, lo último que usted quiere es no pagar ese préstamo y que le quiten la propiedad después de que la haya renovado.

Consejo: Es mucho más fácil alquilar una casa que venderla. Usted puede encontrar inquilinos para la casa en tan solo una semana y una vez que firme un contrato de arrendamiento de 3 meses o 6 meses todavía puede mostrar la propiedad a los compradores potenciales y decirles la fecha de la mudanza si están interesados en comprar. Si desea ahorrar dinero, alquile la casa inmediatamente y comience a comercializarla como una casa "en venta" en línea. De esta manera usted tendrá un ingreso constante que cubre sus costos de transporte además de las ofertas de los compradores. También hay un beneficio psicológico: si los compradores ven que la gente ya está viviendo en la casa, asociarán esto con una casa "terminada" y no con algo que usted renovó para obtener un beneficio rápido.

Investigue el mercado local. ¿Es éste un mercado de propietarios o un mercado de inquilinos? Eche un vistazo a cada casa individual en el vecindario y consulte con los inquilinos para determinar si son dueños de esas casas o si las están alquilando. Muchos mercados son mercados de alquiler caliente que usted puede aprovechar porque la gente siempre estará buscando alquilar allí. **Ejemplo**: Si una propiedad está ubicada al lado de una sede corporativa, usted encontrará muchos trabajadores locales que quieren estar cerca de su trabajo, pero no quieren comprar una casa todavía. Esto abre su propiedad a un grupo de potenciales inquilinos a quienes les resultará fácil hacer los pagos y usted cobrará la renta cada mes.

De esta manera, si usted está pagando su hipoteca en un préstamo de dinero en efectivo o en un préstamo de dinero privado, usted podrá pagar las tasas de interés del 8% fácilmente hasta que venda la propiedad a precio completo. Alquilar una propiedad es la manera de mantener una propiedad en el mercado sin dañar sus bolsillos. Si la hipoteca, el seguro y las cuentas de servicios públicos ascienden a $500-800 al mes y usted alquila la propiedad por $1500-2000 al mes, se quedará con $1000 en ganancias netas al final de cada mes. A menos que usted esté al tanto y su negocio haya sido financiado por un prestamista privado que espera que usted venda la casa, a los bancos no les importará si usted alquila la casa siempre y cuando ellos reciban su pago mensual.

Estrategia de salida #4) Venta al por mayor a inversionistas

El reverso de la venta al por mayor de una propiedad en el punto de partida es la venta al por mayor de la propiedad en el punto final - muchos inversores estarán buscando nuevas propiedades y usted puede vender al por mayor la propiedad a ellos para salir de inmediato. El nuevo inversionista pagará su inversión inicial y valor de renovación y ellos mismos venderán la propiedad. La razón principal para vender al por mayor una propiedad en lugar de arrendar o alquilar es si está vinculado entre varias propiedades y no tiene tiempo para tratar con compradores / inquilinos individuales con los que tiene que lidiar cada mes. Si usted está financiando 5 propiedades al mismo tiempo y una no parece ir bien, la mejor manera de salir de ella es venderla al por mayor a un inversionista diferente que esté más motivado para hacerse cargo de esta propiedad. De esta manera, usted recibe su cheque de "salida" y el nuevo inversionista recibe una nueva propiedad.

Conclusión - Las lecciones aprendidas

Le prometemos esto: Todas las mañanas se despertará emocionado. Una vez que haya comprado su primera casa y comiencen las renovaciones, se despertará y correrá al sitio de construcción tratando de ensuciarse las manos como si estuviera a punto de mudarse allí. Cambiar la casa es un viaje inducido por la adrenalina en el que te das cuenta de que estás a punto de obtener grandes beneficios y de que estás viendo cómo tus inversiones se materializan ante tus propios ojos. Hay pocas sensaciones que se puedan comparar con un cambio exitoso, una vez que hayas hecho todo el trabajo y hayas juntado las piezas de acabado - puedes hacerlo.

Queremos darle ánimos. Está en esto a largo plazo. Si usted comienza hoy, recuerde que podría tomarle 3 meses hasta que llegue a las primeras etapas de Cambiar. Ese es el mejor de los casos. El cambio promedio toma 6 meses. Tómese su tiempo y considere cada paso del camino cuidadosamente - y compare los puntos de valor en este libro cada vez que tenga problemas y necesite ayuda. Olvidarás la mayoría de las cosas de las que hablamos, pero a medida que ganes experiencia, internalizarás las lecciones y el comprador se convertirán en algo natural.

Presentamos los detalles esenciales que necesita para luchar en el mundo de cambio de casas. Ahora ya sabe cómo elegir propiedades, financiar acuerdos de 6 cifras, llevar a cabo renovaciones de principio a fin y, finalmente, comercializar/vender casas a los compradores. Depende de usted decidir qué hacer con esta información. Usted puede actuar sobre esta información hoy o posponerla y actuar dentro de 5 años cuando esté listo. La información seguirá siendo cierta en ese momento: el cambio de casa ha existido durante décadas y se aplican el mismo principio y los mismos métodos.

En 6 meses será una persona diferente

Tómeselo con calma, está en la etapa inicial de cambiar la casa. Tiene un largo camino por recorrer hasta tu primer cartel de "¡Vendido! Si está nervioso, es normal porque su vida está a punto de cambiar. Algún día usted llamará a los agentes de bienes raíces o a los dueños de propiedades y comprará su primera casa. ¡Dentro de 6 meses estará estrechando las manos de un nuevo comprador que compró su casa! Usted experimentará esas conversaciones iniciales "incómodas" cuando trate de convencer a los vendedores de que le den un precio bajo por su propiedad. Tal vez no le gusten los vendedores a los que está llamando o tal vez no le gusten las propiedades una vez que las haya pisado en persona. Tal vez los vendedores serán geniales y usted estará ansioso por comprar sus propiedades. ¡Felicitaciones - usted se ha convertido en dueño de una propiedad!

Eventualmente tendrá el placer de tratar con la gente de las "finanzas" que financiará toda su inversión: Ellos proporcionarán el dinero para la adquisición y financiarán las renovaciones. Depende de usted estimar las reparaciones, realizar sus cálculos, decidir el ARV y gastar ese dinero adecuadamente. Tendrá que contratar a contratistas y conocerlos en persona: ¡un negocio aterrador! Luego, observará a la gente que trabaja para usted y firma sus cheques. ¿Quizás no necesitas contratistas y quieres ensuciarte las manos? A los compradores no les importará si lo hizo usted mismo o si contrató a un contratista, siempre y cuando su propiedad sea renovada a su gusto. ¿Es usted un contratista experimentado que quiere poner su pie en el negocio de cambio de casas? Nadie será más competente en este trabajo que usted - una vez que usted financie los tratos iniciales, sabrá cómo manejar un equipo de contratistas bajo su protección.

No pierda tiempo - ¡Comience ahora!

Incluso si usted está a solo 12 meses de reunir las finanzas para su primer pago inicial, el tiempo es invaluable. Haga el primer movimiento y empiece a visitar casas en su área "En Venta" y a hablar con los agentes de bienes raíces. Asistir a inventos de redes y conocer gente con ideas afines. Establezca los cimientos y haga el trabajo preliminar que le permita la posibilidad de Cambiar las casas en primer lugar. Si tiene poco dinero para invertir, trabaje en dos empleos y reúna las finanzas que necesita para dar el primer pago inicial. Descubra las "ofertas" en su área y trate de ponerse en contacto con los inversores que pueden financiar esas ofertas directamente.

Empiece a participar en eventos de *networking*, haga conexiones en LinkedIn donde podrá comunicarse con inversores inmobiliarios, asistir a obras de construcción y ofrecerle ayuda a cambio de conocimientos. Se sorprenderá de lo dispuesta que está la gente a ayudar a un joven saltamontes. Cuanto más tiempo pase en la obra, más confianza tendrá cuando le toque a usted dar la vuelta. Ofrezca valor en cada paso: Pague a las personas en efectivo por conocimientos internos en su área. Ofrezca mano de obra gratuita a un inversionista que necesite ayuda para su inversión. Ellos compartirán sus conocimientos con usted y le pagarán una vez que empiece a Cambiar y se encuentre en problemas.

Invente su propio método - ¡Invente su propio método!

Finalmente, tome las lecciones que aprendió en este libro y aplíquelas a su manera: ¡Invente su propio método! Es importante determinar cómo te gusta hacer las cosas. Algunos compradores prefieren las compras cortas de 3 meses y su objetivo es Cambiar una propiedad en menos de 3 meses. A otros les gusta tomar un año y vender una propiedad cara por un gran cheque de pago al final del año. Los mismos principios se aplican a la construcción a gran escala: Una vez que esté familiarizado con el cambio de casa, puede pasar a negocios más grandes, como edificios residenciales y edificios comerciales. La contratación de contratistas se basa en el mismo principio: solo se trata de aumentar la escala.

Tal vez le guste amueblar sus propiedades con interiores lujosos. Que sea su estilo característico de cambiar. Tal vez solo reemplace lo básico y ahorres dinero en cada cambio. Cualquier "estilo" que funcione para usted puede ser replicado en múltiples cambios de casa en el mismo año. La mayoría de los compradores "van con el flujo" y renuevan cada propiedad de forma individual. Todo podría funcionar en teoría - encuentre lo que funciona para usted en la práctica. Usted puede hacerse cargo de todo el proceso y llevar a cabo las renovaciones usted mismo. Podría comercializar la casa usted mismo

Genera ingresos pasivos rentando propiedades

en lugar de contratar a agentes de bienes raíces. Puede contratar agentes inmobiliarios y dejar que vendan por usted. Todo eso lleva al mismo resultado: una casa vendida. Se alegrará una vez que su mano esté adornada con un cheque de 6 cifras y un letrero de "¡Vendido!". Todo ese arduo trabajo dará sus frutos al final.

Los secretos del house flipping

¿Tienes buen ojo para descubrir oportunidades inmobiliarias? Descubre cómo ganar mucho dinero reformando y vendiendo propiedades sin mucha inversión inicial

Tabla de Contenidos

INTRODUCCIÓN 147

CAPÍTULO 1 – ENTENDIENDO LAS INVERSIONES EN PROPIEDADES DE ALQUILER 152

¿POR QUÉ PROPIEDADES PARA ALQUILER? 152
DOS FORMAS DE GENERAR GANANCIAS CON PROPIEDADES DE ALQUILER 155
DESARROLLAR LA MENTALIDAD CORRECTA PARA EL ÉXITO EN LA RENTA DE PROPIEDADES 159

CAPÍTULO 2 – EXCELENTE UBICACIÓN, EXCELENTE INVERSIÓN 163

CLASES DE BIENES INMUEBLES, DÓNDE DEBES INVERTIR. 163
CUATRO FACTORES IMPORTANTES PARA EVALUAR UN VECINDARIO. 165
CÓMO IDENTIFICAR UN MERCADO EMERGENTE DE BIENES INMUEBLES. 167

CAPÍTULO 3 – ESCOGER LA MEJOR PROPIEDAD 170

BIENES INMUEBLES RESIDENCIALES PARA INVERTIR 170
TIPOS DE BIENES INMUEBLES COMERCIALES 172
LA REGLA DEL 1% PARA INVERTIR EN BIENES INMUEBLES. 175
PREGUNTAS ESENCIALES QUE TOMAR EN CUENTA CUANDO EVALÚAS UNA PROPIEDAD 177

CAPÍTULO 4 – FINANCIANDO TUS PROPIEDADES PARA ALQUILER 181

HACKEO DE CASAS: GENERA DINERO Y VIVE GRATIS 181
FORMAS CREATIVAS DE FINANCIAR TUS PROPIEDADES PARA LA RENTA 183
COMIENZA A AHORRAR AHORA MISMO PARA EL PAGO DE UNA INICIAL 186

CAPÍTULO 5 – HERRAMIENTAS DE BIENES INMUEBLES PARA EL ÉXITO 191

Estrategias para Construir una Cartera de Bienes Inmuebles Exitosa. 191
Bienes Inmuebles Comerciales, Otro Medio para Construir tu Cartera 195
10 Personas que Necesitas en tu Equipo Soñado de Bienes Inmuebles 198

CAPÍTULO 6 – LA PROPIEDAD EN RENTA PARA OPACAR A TODAS LAS DEMÁS 200

10 Pasos para Rehabilitar Tu Propiedad de Renta 200
Las Rehabilitaciones Más Importantes para Todas las Propiedades de Alquiler 204
Mejoras para Aumentar Instantáneamente el Valor de tu Propiedad 206

CAPÍTULO 7 – ADMINISTRANDO TU PROPIEDAD DE ALQUILER 209

Encontrando Buenos Inquilinos para tu Alquiler 209
Estrategias para Administrar Propiedades de Renta 215
12 Consejos que Debes Saber de Expertos en Renta de Propiedades 220

CAPÍTULO 8 – PRECAUCIONES 227

Buenas Razones para Dejar ir una Propiedad de Alquiler 233
Cinco Estrategias de Salida Cruciales para Tus Inversiones en Bienes Inmuebles 235

CONCLUSIÓN 238

Los secretos del house flipping

Introducción

¿Tu tío renta su segundo apartamento por $1500 al mes y tú quieres hacer lo mismo? Vivir la vida de un propietario es un sueño. Considera las posibilidades: Si pudieras rentar 10 apartamentos por $1500 al mes cada uno, fácilmente podrías añadir $15,000 en ingresos pasivos a tu billetera cada mes por el resto de tu vida. ¿Alguna vez le has rentado a un propietario que posee 5, 10 o quizás 50 apartamentos, y que hace su vida simplemente rentando propiedades? ¿Alguna vez te has preguntado cómo llegaron allí y cómo obtuvieron financiamiento? En la mayoría de los casos, los dueños no heredan las propiedades. Comienzan con unas pocas adquisiciones y se expanden a numerosas propiedades.

¿Quieres comenzar en bienes inmuebles pero no sabes dónde encontrar financiamiento? Hay formas de comprar propiedades para alquiler sin ser un millonario. Este libro te enseñará todos los secretos que necesitas saber acerca de propiedades para alquiler. Si tienes poco o nada de dinero y no sabes dónde comenzar, te enseñaremos cómo financiar tus propiedades para alquiler sin una inversión significativa. Sí, es posible – y sí, hay formas de conseguir miles de dólares sin utilizar la casa de tu mamá como un colateral. Te daremos entrada a la mente del propietario: Aprenderás cómo financiar propiedades con poca o ninguna inversión inicial y te diremos cómo encontrar inquilinos y disfrutar una vida libre de estrés por el resto de tu vida.

Revelación #1: Las Propiedades De Alquiler Son Un Ingreso Estable.

Rentar es la forma más sencilla de invertir en bienes raíces, mucho más fácil que restaurar propiedades a tiempo completo. Para convertirte en un arrendador, lo único que tienes que hacer es adquirir una propiedad y ponerla en el mercado. Serás capaz de encontrar inquilinos incluso para las propiedades peores y más desgastadas. Compara eso con restaurar, en donde el restaurador tiene que pagar una inicial por la propiedad, reparar daños estructurales, amueblar el interior, y esperar un promedio de seis meses mientras la casa, que podría no venderse, está en el mercado.

Un arrendador técnicamente podría adquirir una propiedad y rentarla al día siguiente. Entonces, dime cuál es más fácil, ¿rentar o restaurar? La parte difícil del ingreso por renta es generar una ganancia a largo plazo. Es tu trabajo aprender cómo financiar múltiples propiedades a la vez, ser capaz de cubrir los pagos de hipoteca con los inquilinos y aumentar tu cartera. Esto te permite crear un mini imperio de bienes inmuebles que puedes usar para llevar un estilo de vida sin preocupaciones. Sin embargo, llegar allí es la parte difícil. Este libro te enseñará cómo obtener tus primeras propiedades para la renta.

Revelación #2: Puedes Comenzar Con $0.

Es posible comenzar a adquirir propiedades con un pago inicial de $0 o de solo algunos pocos miles de dólares. ¿Piensas que necesitas ser millonario para ser un propietario? ¡Error! El ingreso por renta tiene un riesgo mucho menor que el ingreso por restauración, ya que puedes comprar la peor casa y rentarla inmediatamente – no hay necesidad de reparar la propiedad. No tienes que gastar dinero amueblando el interior y puedes obtener financiamiento de inversores privados para comprar tu propiedad para alquiler.

Hay maneras de convencer a financieras de financiar tus empresas de renta a cambio de un pago mensual. Por supuesto, mientras más dinero tengas inicialmente, más dinero podrás conservar en ganancia por renta al final de cada mes. Si tienes un millón de dólares para gastar, puedes comprar múltiples propiedades y comenzar a rentarlas para una ganancia seria. Si no tienes dinero, puedes contactar a inversores privados para financiamiento, o financiar tus propiedades a través de instituciones bancarias. Te mostraremos los métodos más viables para financiar tus propiedades para alquiler con cualquier presupuesto.

Los secretos del house flipping
Revelación #3: Puedes Recibir Un Pago Cada Semana.

Los inquilinos depositarán pagos en tu cuenta bancaria cada semana o cada mes. Técnicamente, podrías comprar una propiedad y rentarla en el día a día a turistas en Airbnb, si estás dispuesto a lidiar con clientes todos los días. Las propiedades para renta no tienen restricciones en cuanto al tipo de inquilinos que puedes tener. El esquema de renta más seguro es proveer vivienda a la familia Americana promedio que tiene 2.5 niños y un perro. Sin embargo, eso no restringe tu ganancia.

Si tienes una propiedad en una ubicación central con muchas comodidades, podrías cobrar tres veces el promedio del mercado alquilando a turistas. Dependiendo de cuánto tiempo estás dispuesto a pasar lidiando con inquilinos, puedes ajustar tus términos de pago de forma acorde. Si estás dispuesto a lidiar con inquilinos todos los días, podrías cobrar por día. Si quieres un cheque estable depositado en tu cuenta al final de cada mes, puedes rentar a familias. La última opción es más segura pero menos rentable. El único trabajo que tendrías es hacer revisiones cada dos meses y el mantenimiento anual (impuestos de propiedad, pagos de seguro, etc.).

Revelación #4: Hay Trabajo Involucrado.

No te mentiremos – el ingreso por renta requiere cierta cantidad de trabajo. No tendrás que llamar a los contratistas generales ni estresarte todos los días por la propiedad como un restaurador, pero tendrás que hacer las reparaciones ocasionales. ¿Qué sucede si recibes una llamada a las 3 a.m. de un inquilino que tiene una gotera? No puedes decirle "arréglalo tú". Tienes que contratar a un contratista de techos que pueda hacer el trabajo y debes lidiar con el contratista posiblemente por semanas cada vez. Estás legalmente obligado a reparar la propiedad o podrías enfrentar un juicio legal con multas y posiblemente con tiempo de cárcel. Si un inquilino muere como resultado de falta de mantenimiento de la propiedad, la carga está sobre ti.

Cada vez que un problema llega a una de tus propiedades, recibirás una llamada de los inquilinos y esperarán que aparezcas y lo arregles. Es tu deber contratar a los contratistas y asegurarte que las condiciones de vida en tus propiedades están al nivel de los estándares impuestos por tu estado.

Como con cualquier otra proposición de negocios, es posible evitar el trabajo menor. Si deseas desaparecer del mapa, podrías contratar un "administrador" para que haga todo el trabajo de mantenimiento por ti, y puedas navegar hacia el atardecer. Sin embargo, la mayoría de los propietarios viven justo al lado de sus propiedades y asisten a los inquilinos cuando tienen problemas debido a falta de confianza. Los arrendadores más dedicados en ciudades como Nueva York, poseen miles de apartamentos y atienden personalmente las necesidades de los inquilinos.

Revelación #5: Las Cosas Pueden Volverse Personales.

¿Alguna vez rentaste un apartamento siendo joven y batallaste para hacer los pagos? Las personas caen en problemas financieros todo el tiempo, y tus inquilinos no serán la excepción. Ciertos propietarios se niegan a acercarse a sus inquilinos y solo mantienen una relación de negocios en caso de tener que desalojar. Las cosas pueden ponerse feas al lidiar con inquilinos. No olvides que estás lidiando con seres humanos con vidas reales. El padre que te alquila podría no poder pagar la renta luego de ser despedido de su trabajo y la decisión de desalojarlo a él y a su familia pesará en tu conciencia.

Tendrás que tomar decisiones difíciles. ¿Qué sucede si estás lidiando con una madre soltera que está criando a dos bebés y acaba de perder su trabajo por lo que no puede pagar la renta? Puede que ella no se dé cuenta de que tú aún tienes que pagar tu hipoteca. ¿Los sacarás o perdonarás su pago? Tendrás que decidir si los dejarás quedarse o si los desalojarás y harás espacio para nuevos inquilinos. La vida de un propietario no es gloriosa en muchas situaciones, a pesar de cómo es representada en programas de TV. Mientras de más bajo ingreso sean tus unidades de vivienda, más te encontrarás con personas con dificultades financieras.

Te daremos los secretos de un propietario directamente desde la fuente: Te enseñaremos cómo financiar propiedades, cómo encontrar inquilinos y cómo generar un ingreso pasivo con mínimo trabajo. ¡Comencemos!

Capítulo 1 – Entendiendo Las Inversiones En Propiedades De Alquiler

¿Por qué Propiedades para Alquiler?

Joe tiene $150,000 para invertir. ¿Por qué debería enfocarse en propiedades de alquiler en vez de restaurar propiedades? Rentar es un juego totalmente diferente. Las propiedades para renta son para largo plazo. Primero, Joe puede comprar una propiedad y rentarla sin modificar el interior de la casa. También puede comenzar a generar una ganancia garantizada, a diferencia de restaurar una casa que debe quedarse en el mercado por seis meses en promedio. Las propiedades de alquiler son para las personas que quieren dinero a largo plazo y que quieren cosechar grandes ganancias por la depreciación. ¿A cuántos ancianos conoces que compraron una casa por $100,000 en los 80's y que ahora vale más de $1,000,000? Si mantienes tu propiedad por una o dos décadas, está garantizado que el valor se va a duplicar. Mientras tanto, puedes recibir pagos mensuales seguros de parte de inquilinos. Te enseñaremos cómo comprar propiedades, atraer inquilinos, y hacer que paguen tus hipotecas. Por ahora, te mostraremos por qué necesitas invertir en propiedades para la renta.

1) Apreciación de los Bienes Inmuebles.

Los precios de las casas en América aumentan. Si compras en una ciudad mediana con crecimiento poblacional, como Austin, Texas, vas a ver retornos inmensos en tan poco como unos cuantos años. Apreciación significa que la propiedad aumentará en valor mientras más tiempo la mantengas. Algunas personas fueron capaces de comprar casas por mucho menos de lo que cuestan actualmente. El promedio de $250,000 de una casa suburbana cercada era de $100,000 en los 90's. ¿Qué nos dice que la casa promedio de $250,000 de hoy no valdrá $500,000 en 15 años? El crecimiento está obligado a suceder – o compras ahora o pierdes la oportunidad a largo plazo.

Incluso si ignoras los pagos mensuales garantizados de cada propiedad, comprar una propiedad en una buena área, significa que tendrás cientos de miles (o incluso millones) a largo plazo. Recuerda, es tuya cuando la compras (no de los inquilinos). Puedes venderla y deshacerte de una propiedad en cualquier momento.

La ciudad y el mercado tienen un efecto en la apreciación. Históricamente, las ciudades más ricas en los Estados Unidos, como Nueva York y San Francisco, experimentan ciclos de apreciación y el apartamento promedio en esas ciudades puede costar más de $1 millón. Sin embargo, no necesitas comprar en el centro de Manhattan para aprovechar la apreciación. Podrías comprar en la parte suburbana de Portland, Oregon e igual verás retornos significativos en 15 años. Las mejores ciudades para invertir son ciudades medianas con un fuerte crecimiento poblacional. ¿Sabes qué ciudades tienen el crecimiento más alto per cápita? No son Nueva York o Los Angeles. Son ciudades medianas con economías florecientes como Seattle, Atlanta, Austin y Charlotte.

Para ser sincero, no harás una cantidad significativa de dinero en los primeros años. Podrías no generar nada de dinero en los primeros 5 años. Sin embargo, doblarás tu inversión en los primeros 10 años incluso si inviertes en el vecindario más promedio de los Estados Unidos. Cualquier área decente con buen acceso a colegios y tiendas sirve. No necesitas algo excepcional y la propiedad no tiene que resaltar. Ve a dar un paseo y notarás que casi todas las casas son casas promedio. Estas incrementan su valor mientras la economía produce más riquezas. Actúa ahora o pierde la oportunidad.

2) Pago por Parte de los Inquilinos.

El inquilino tiene que pagarte por el mes – tendrás garantizados $1000-2000 de ganancia mensual por la propiedad promedio. Si aún no lo sabes, la hipoteca promedio tiende a ser menor a $1000, mientras que las rentas por una casa son típicamente más altas. Así es como generas retornos a corto plazo. Si no tienes nada de dinero, puedes generar suficiente para cubrir el pago de una hipoteca y financiar una casa de $150,000. Una vez que seas el dueño, si tu pago de hipoteca es de $900 al mes, puedes rentar la propiedad por $1500 mensual. Esto significa que tu hipoteca estará cubierta y aún tendrás algunos cientos de sobra. El inquilino tiene que pagar todas las facturas y estarán esencialmente pagando tu hipoteca. ¿Qué es mejor que tener pagos garantizados sin hacer nada de trabajo? Solo tienes que pagar la inicial, que es típicamente 20%. Si eso no te convence de comenzar en las propiedades de renta, nada lo hará.

Si tienes dinero de sobra para invertir, te quedarás con todas las ganancias sin hacer pagos de hipoteca. La renta de $1500 al mes irá directo a tu bolsillo y no tendrás que pagarle a los bancos – tus únicos gastos serán el seguro de la casa y los impuestos anuales de propiedad, que raramente pasan del 2% del valor total de la propiedad. Además, tienes otras formas de renta disponibles para ti. Podrías rentar la propiedad por día y cobrar una tarifa más alta por las fiestas como navidad, año nuevo, etc. Esto te permite generar el doble o triple de las ganancias promedio por propiedades en alquiler en tu área. Todas las propiedades se alquilan de inmediato, sin necesidad de hacer ninguna reparación. Los restauradores de casas tienen que invertir decenas de miles de dólares para llevar la propiedad a unos estándares, mientras los arrendadores solo tienen que poner la propiedad en el mercado.

3) Reembolsos de Impuestos.

El servicio interno de ingresos (IRS) piensa que las propiedades en renta no son las más rentables y tienen amortización para todo tipo de propiedad. Los arrendadores pueden alegar "pérdidas" cada año y obtener deducciones en todos sus impuestos por ingresos, lo que les ayuda a conservar más de su ingreso por renta. Las inversiones por renta son seguras según este servicio (IRS) porque la propiedad se aprecia y se deprecia simultáneamente. El IRS cree que las propiedades se deprecian debido al desgaste y al uso, sin embargo, el mercado normalmente está creciendo y el valor de las propiedades tiende a incrementar.

El IRS le da a los arrendadores descuentos bajo un sistema específico de depreciación de propiedades llamado "Sistema General de Depreciación" o GDS. El GDS dice que una propiedad promedio tiene un período de recuperación de 27.5 años, lo que el IRS también considera como el tiempo de vida promedio de una propiedad. El IRS proporciona deducciones de exactamente 3.6% anual en cada edificio que posees. En efecto, los impuestos sobre la propiedad serán más bajos que los descuentos que te corresponden. Usando un simple descuento, puedes pagar los impuestos sobre la propiedad y conservar más de tus ganancias usando los descuentos del GDS.

4) La Inflación Trabaja A Tu Favor.

La inflación aumenta el valor de la propiedad, mientras los pagos de la hipoteca se mantienen igual. Si obtienes un préstamo con cuotas fijas, que es el préstamo más popular, no gastarás un solo centavo más de lo que acordaste inicialmente. Por ejemplo, si pagas $20 mil como inicial en una propiedad de $100 mil, y esa propiedad se aprecia a $200 mil en 10 años, aún deberás solamente $80 mil. En efecto, solo pagas $20 mil para adquirir una propiedad e $200 mil en diez años. La inflación es tu amiga a largo plazo, y la hipoteca con precio fijo te permite pagar solo lo que acoraste inicialmente, en vez del precio inflado de la propiedad luego de que la adquiriste.

Dos Formas de Generar Ganancias con Propiedades de Alquiler

1) Rentas a Largo Plazo

La forma más convencional y segura de rentar es a largo plazo: Rentas a familias o a individuos profesionales que tienen un trabajo y la habilidad de hacer los pagos mensuales. Este es un método de renta a prueba de tontos que requiere compromiso mensual con el inquilino solo cuando estás recolectando la renta. No tienes que aparecer cada semana y revisar que estén bien y solo tienes que encontrarte con ellos cuando vayas a cobrar el alquiler. La renta a largo plazo es lo que debes hacer, porque las familias firman contratos de 6 o 12 meses que son extensibles.

Puedes aumentar progresivamente la renta a medida de que el valor de las propiedades en tu área aumenta, y de que tu vecindario se vuelva más demandado. Por ejemplo, una casa que es alquilada por $1000 este año podría aumentar a $1250 el próximo año. ¿A los inquilinos no les gusta el aumento de la renta? Conseguirás nuevos en una semana. La belleza de rentar propiedades es que múltiples personas están compitiendo por la propiedad y siempre tendrás una piscina de inquilinos viables de donde escoger, incluso en las áreas de más bajos ingresos. Así es como se calcula tus ganancias finales:

La Regla del 1% para Rentas a Largo Plazo

La regla del 1% es el cálculo más sencillo que utiliza la gente para estimar la rentabilidad de una propiedad en renta. Puedes estimar la rentabilidad de una propiedad de alquiler incluso antes de comprar la propiedad, lo que te dará un indicador de cuánta ganancia neta tendrás al final de cada mes. La regla del 1% dice lo siguientes: Si la renta bruta mensual es el 1% del precio original de compra, deberías comprar la propiedad. Si la renta mensual antes de los gastos es menos que el 1% del precio original de compra, debes buscar otras propiedades.

Digamos que encuentras una casa en condiciones decentes por $100,000. ¿Cómo sabes si tendrás ganancias al rentarla? Simple: Usa la regla del 1%. La regla del 1% dice que tu renta bruta debe exceder el 1% del precio original de compra. La propiedad tiene que rentarse por al menos $1000 mensual si quieres tener un retorno de inversión (ROI). Bajo esta regla de dedo, una propiedad de $100,000 debe rentarse por $1000 mensual y generar el 12% del precio original de compra en retornos anuales. En este ejemplo en particular, la propiedad de $100,000 debe producir $12,000 en ganancias brutas anuales antes de gastos como seguro de vivienda, impuestos y facturas. Tu ganancia neta debe ser entre 6 y 8% del valor total de la propiedad por año. Esto significa que cuando rentas a largo plazo, debes generar retornos de $6000-8000 anual de ganancias puras en una propiedad de $100,000.

El retorno neto promedio de 6-8% al año es un muy buen trato, pero dependerá de la ciudad y del vecindario. Mientras mejor sea el vecindario, menores serán los retornos por renta. El lado bueno es que un retorno del 6% en una casa de $300,000 es más alto que un retorno de 15% en una casa de $100,000. Los retornos por renta más alto se encuentran normalmente en propiedades baratas y desgastadas, esto es debido a que las propiedades cuestan poco y el precio de renta aún es relativamente alto. En general, deberás obtener un 6% de retorno sólido en buenos vecindarios con muchos inquilinos y un 8-10% de retorno en vecindarios de bajos ingresos con propiedades más riesgosas y que están más propensas al crimen. Cualquiera que elijas, no debes conformarte con menos del 6% en retornos anuales.

La Tasa de Capitalización

Los propietarios calculan la tasa de capitalización de la inversión inicial. La fórmula de tasa de capitalización es la siguiente:

Ganancias Netas Anuales/Valor de la vivienda=Tasa de capitalización

Ejemplo:

$8000 / $100,000 = 0.08

En este caso, 0.08 es el resultado que estamos obteniendo, o en términos simples, 8% de ROI. La tasa de capitalización en una propiedad de $100,000 que genera un retorno neto de $8000 al año, resulta en un total de 8%. Si un 8% es un retorno satisfactorio o no por la cantidad de esfuerzo que pones en mantener la propiedad, es tu decisión.

El mismo principio aplica a propiedades con un valor mucho más alto. Por ejemplo, si encuentras buenas propiedades que te den una tasa de capitalización de 8% en una inversión de $500,000, podrías generar un flujo de efectivo significativo que pagaría la propiedad y te daría una vida muy buena. Por otro lado, una tasa de capitalización de 8% podría no valer la pena en un área alta en crímenes que cuesta mucho mantener y tiene pagos de seguro extremadamente altos. En teoría, no necesitas ser rico para financiar una inicial en una casa de $500,000, pero tendrías que ahorrar por algunos años.

2)   Alquileres a Corto Plazo

Los alquileres a corto plazo son lo contrario a los alquileres a largo plazo: Son inestables y requieren trabajo constante. Tendrás que lidiar mucho más con clientes de lo que harías con una renta a largo plazo, posiblemente a diario. Cuando lidias con inquilinos a largo plazo, solo tienes que firmar un contrato y revisarlo una o dos veces al mes cuando es momento de cobrar tu cheque o hacerte cargo de alguna reparación. Con inquilinos a corto plazo, tendrás que reunirte con los inquilinos diariamente, limpiar luego de que se vayan y preparar la propiedad para los próximos inquilinos. ¿Qué ganas tú? El precio es significativamente más alto. Si rentas una casa a una familia por $1000 al mes, no requeriría ningún trabajo de tu parte, pero solo tendrás $1000 al final de cada mes. Sin embargo, si rentas la misma casa por $100 al día a clientes en AirBnb, podrías hacer $3000 cada mes, pero tendrías que trabajar y mantener la propiedad cada día.

Los alquileres a corto plazo son la mejor forma si tienes el tiempo y la paciencia para lidiar con clientes a diario. Es una excelente oportunidad para propietarios jóvenes o establecidos que disfruten conocer nuevas personas y socializar. ¿Qué es mejor que ofrecer valor a la sociedad y generar retornos inmensos en el proceso? No estás restringido a alquileres a corto plazo por sitios web como Craigslist y AirBnb. Una vez que posees la propiedad, puedes convertirla en un mini hotel o hostal. Es posible colocar cuatro literas en cada cuarto y convertir la propiedad en un hostal, luego cobrarle a cada inquilino $20 la noche para quedarse allí. Esto puede generar mucho más flujo de dinero que alquilar la propiedad a una familia de cuatro personas. Los alquileres a corto plazo requieren mucho más trabajo que los alquileres a largo plazo, pero los márgenes de ganancia son significativamente más altos.

Desarrollar la Mentalidad Correcta para el Éxito en la Renta de Propiedades

Lo único en lo que están de acuerdo todos los arrendadores es que están en eso por las ganancias. Sin embargo, los motivos individuales para obtener ganancias pueden ser distintos. Algunas personas se convierten en arrendadores para retirarse y vivir el resto de sus vidas en paz. Algunas personas se convierten en arrendadores para escapar de su trabajo de 9 a 5 y ser capaces de sobrevivir sin esclavizarse en un trabajo interminable. Los empresarios que están motivados a volverse ricos, normalmente compran múltiples propiedades y las rentan mientras esperan por un pago alto. Otros se vuelven propietarios por accidente, heredando algunas propiedades y convirtiéndolas en unidades de alquiler. Todos tenemos que lidiar con inquilinos, forzar los pagos y realizar trabajo de mantenimiento agendado. La propiedad no se va a mantener sola y alguien tiene que hacer los pagos de seguro y de impuestos.

La vida del propietario no es un camino recto, y llegamos a él por muchas razones. Si quieres retirarte, tendrás que invertir más en la propiedad porque esta tiene que ser rentable por un periodo extenso como múltiples décadas. Para este propósito, deberías comprar la propiedad más nueva y más costosa posible. Si quieres volverte rico y no planeas mantener las propiedades por mucho tiempo, puedes comprar propiedades medio desgastadas y tener un margen por renta más alto. Los siguientes trucos de mentalidad serán decisivos en tu éxito en el negocio de las propiedades para renta.

1) La Mentalidad del Flujo de Dinero

Lo más esencial de un propietario es desarrollar una mentalidad de flujo de dinero de emergencia. Mientras más rápido reúnas el dinero para comprar la propiedad o para depositar la inicial, más rápido serás capaz de salir de tu trabajo interminable de 9-5 y/o retirarte. Recuerda que nunca tienes que cubrir el precio total de la propiedad y que puedes salirte con la tuya solo pagando el 20%. Si la vivienda para renta cuesta $100,000, solo tendrás que financiar $20,000. ¿Qué tan difícil es ahorrar esta cantidad de dinero en la economía actual? Incluso si vives en el sótano de tu mamá y te pagan un sueldo mínimo, deberías ser capaz de ahorrar $20,000 y hacer un depósito en tu primera propiedad para rentar. No tengas miedo de ensuciarte y hacer los trabajos que pagan mal, porque solo tendrás que hacerlos hasta que puedas financiar tu primera propiedad. ¡Consigue dos trabajos! Mientras más rápido obtengas el dinero, más rápido serás capaz de financiar tus propiedades y crear una nueva vida.

Tu concentración debe estar puesta en adquirir tantas propiedades como sea posible e incrementar el flujo de dinero. Si eres joven y determinado, puedes permitirte hacer rentas a corto plazo y hacer énfasis en incrementar el flujo de dinero para exprimir las propiedades por el máximo monto posible de dólares. Si estás llegando a la edad de retiro, necesitas reunir los fondos de inversión que necesitas para hacer un depósito en propiedades estables que pagarán tu retiro. La mentalidad del arrendador no es solo escoger las propiedades y lidiar con inquilinos, también es tener un sentido de urgencia y reunir el dinero para nuevas propiedades. Mientras más rápido obtengas el capital, más retornos de dinero tendrás para ti.

2) La Mentalidad de Ejecutor

La fea verdad sobre propiedades para alquiler es que tendrás que lidiar con seres humanos reales que podrían no ser capaces de pagar la renta – por esta razón, tendrás que aplicar disciplina y límites para asegurarte de que paguen a tiempo. Esto es especialmente crítico durante los primeros meses cuando te estás estableciendo y cuando perder un solo pago podría significar que tu propiedad esté a una llamada de distancia de ser embargada. Tendrás que aprender cómo hacer que tus clientes paguen a tiempo. En efecto, te estás convirtiendo en un ejecutor que debe hacer cumplir el acuerdo de arriendo.

¿Qué haces cuando un inquilino incumple con un pago? Al inquilino no le importará que tú tengas que hacer pagos de la hipoteca sobre la casa; solo se preocuparán por sus situaciones individuales. Esto es por lo que en el momento en el que incumplan un pago, debes presentar un recordatorio de pago tardío. Este recordatorio debe salir el primer día que no hagan un pago a tiempo. El recordatorio tiene que tener un "período de gracia", que es el tiempo que tienen para pagar antes de recibir una advertencia de desalojo.

Si el inquilino tampoco paga en el período de gracia, debes presentar un aviso de desalojo. El aviso de desalojo notifica al inquilino que la corte civil tomará acciones de desalojo en su contra. Los inquilinos llegarán a ti con historias personales, pero no debes ceder y darles flexibilidad porque continuarán pidiendo más tiempo. Si permites la flexibilidad una vez, sabrán que tu tiempo no es importante. Si al propietario no le importa, ¿por qué los inquilinos deberían pagar a tiempo? Solo acepta la flexibilidad cuando no tengas que hacer pagos de hipoteca o cuando perjudicará tu relación personal con un miembro de tu familia.

3) La Mentalidad de Disciplina

Como arrendador no solo debes hacer tareas de mantenimiento mensual en donde saludas a tus inquilinos, revisas la propiedad y cobras la renta. También debes llevar a cabo tareas administrativas anuales y semi anuales que requieren disciplina y planear con anticipación. ¿Qué sucede si te llega una factura de $4000 por una gotera? Necesitas prepararte de antemano. Esto toma disciplina. En vez de gastar tus ganancias netas en cruceros por el Caribe, guárdalos para facturas inesperadas.

Los términos del arriendo deben ser estipulados por un abogado y tener un párrafo mencionando una cláusula para inspecciones semi anuales que te den el derecho a acceder a la propiedad. La propiedad no necesita tener daño estructural para permitir una inspección. El arrendador no debería esperar a que las cosas salgan mal antes de inspeccionar una propiedad. Identificar problemas a tiempo y arreglarlos. Asegúrate de que tus valores son comunicados claramente. Si no toleras que fumen dentro de la propiedad, debes estar preparado para desalojar a un inquilino si detectas humo. Aún mejor, busca un inquilino que no fume mientras firmas el acuerdo.

El mantenimiento regular asegura que la propiedad está bien preservada y que los inquilinos no presenten problemas cuando habiten en ella. La inspección no es solamente para detector daños a la propiedad, sino también mascotas y personas viviendo en la propiedad sin autorización. Mientras haces la inspección, construye una relación personal con tus inquilinos. Siéntete libre de preguntarles sobre sus hijos, trabajos, vidas, etc.

No olvides aumentar la renta cada año cuando expiren los términos del arriendo. Muchos arrendadores se preocupan por aumentar la renta. Si te niegas a aumentarla, tu ingreso quedará detrás del valor del mercado y no le llevará el ritmo a la inflación. Aumenta la renta cuando expire el acuerdo en vez de aumentarlo sorpresivamente en momentos al azar durante al año, lo que asusta a los inquilinos. De esta forma les das la oportunidad de pagar precios de renta más altos o de encontrar una nueva propiedad.

Capítulo 2 – Excelente Ubicación, Excelente Inversión

Ahora que te dimos un breve entendimiento de las inversiones en propiedades para alquiler, es momento de contarte sobre las diferentes clases de bienes inmuebles, cómo puedes evaluar los vecindarios objetivo y cómo puedes identificar los mercados emergentes de bienes inmuebles que pueden generar grandes ganancias.

Clases de Bienes Inmuebles, Dónde Debes Invertir.

Si vas a involucrarte en el mercado de bienes inmuebles, necesitarás familiarizarte con la forma en que las diferentes propiedades son clasificadas o agrupadas. Aunque estas clasificaciones son algo subjetivas y no hay clasificaciones o guías generales para identificar propiedades, podemos ofrecerte algunos lineamientos que deberían ser de ayuda para calificar ubicaciones o edificios específicos. Los bienes raíces son normalmente clasificados o calificados de la misma manera en la que muchos de nosotros éramos calificados en secundaria o en la Universidad, un sistema de calificación con letras. Este sistema de calificación puede ir de A a C, de A a D, o de A a F. Obviamente A es la nota más alta; F es la más baja.

Con bienes inmuebles, la ubicación a menudo recibe una calificación y el edificio recibe otra. Por ejemplo, si tienes un buen edificio en un área mediocre, tendrías un edificio A en un área C. Si tienes un edificio inhabitable en un área cuestionable, tendrías un edificio F en un área D. A continuación, hay descripciones de cómo la mayoría de las personas categorizan las ubicaciones con este sistema de calificación.

Una ubicación A es un área con los edificios más nuevos, los restaurantes más conocidos y las mejores escuelas. Ya puedes imaginar que es el área que tendrá las rentas más altas.

Un edificio A es uno que tiene muy probablemente menos de 10 años de antigüedad. Es posible que estos edificios tengan lo último en encimeras de granito, suelos de madera, etc.

Las propiedades en alquiler en estas áreas A, suelen tener rentas altas, y poca necesidad de mantenimiento. Son inversiones fáciles, sin embargo, también debe aclararse que pueden traer un retorno de inversión menor por la alta demanda y el precio de compra más alto.

La ubicación B es normalmente un área que tiene restaurantes decentes, si bien no los más conocidos o los más costosos. Las escuelas son buenas, pero no son las nuevas escuelas que algunas de las áreas lujosas tienen. El área es hogar mayormente de clase media, con certeza más cuellos azules que las áreas A. Las personas viviendo en las áreas B tienen mucha más posibilidad de estar viviendo un cheque a la vez.

Los edificios en la ubicación B son más viejos, usualmente entre 15 y 30 años de antigüedad. La mayoría de estos edificios han sido actualizados, sin embargo, no con las comodidades de los edificios A.

Como un inversor en propiedades B, encontrarás que tienden a requerir más mantenimiento y atención que una propiedad A. Estas propiedades se rentarán por menos que las propiedades A, pero también son capaces de generarte ganancias más grandes debido al precio moderado de compra.

Las ubicaciones C son ubicaciones marginales, normalmente con 30 años o más de antigüedad. Los edificios C usualmente están desactualizados y anticuados, con necesidad de muchas reparaciones frecuentes. Los edificios C normalmente requieren actualizaciones de plomería y electricidad; estos edificios requieren mucha atención y cuidado. El lado bueno de los edificios C es que a menudo pueden ser adquiridos a un precio muy moderado; el lado malo es la cantidad de dinero que probablemente tendrás que gastar para mantenerlos o actualizarlos.

Las ubicaciones D son áreas dilapidadas, normalmente infestadas de crimen y posiblemente peligrosas. Estas son áreas con muchos edificios vacantes o invadidos. Los edificios son descuidados o inhabitables. A menos que seas un inversor en bienes inmuebles experimentado, probablemente quieras quedarte lejos de invertir en estas áreas. Realmente tienes que saber lo que estás haciendo para ganar dinero de un edificio D en un área D.

Un edificio o ubicación F puede ser identificado como una zona de guerra. Infestadas de crimen y drogas, escuelas que están mal, casas y apartamentos totalmente destruidos, etc. Ya entiendes, nada en lo que debes estar interesado como un inversor en bienes raíces novato.

Cuatro Factores Importantes para Evaluar un Vecindario.

Ahora que hemos mencionado las diferentes clases de bienes raíces, es momento de ver los diferentes factores involucrados en evaluar las ubicaciones o áreas en las que debes invertir. Probablemente lo has escuchado antes…hay tres factores principales en el éxito en bienes raíces: ubicación, ubicación y ubicación. Sí, es un viejo cliché, pero aún aplica. La ubicación es casi siempre el factor más importante en la rentabilidad de tus inversiones en bienes inmuebles.

La mayoría de los inversores nuevos en propiedades de renta, invierten en propiedades que están cerca de donde viven. Hacen esto porque ya están familiarizados con el área, y también porque las propiedades en los alrededores cercanos ofrecen un fácil acceso para muchas de las responsabilidades involucradas en rentar propiedades: Mostrar la propiedad, mantenerla, recolectar la renta, etc. Aunque ser dueño de propiedades en renta en la misma área en donde vives es en su mayoría ventajoso, hay una posible desventaja. Si la economía en tu área decae o se estanca, tendrás todos tus huevos en una sola canasta. Si todas tus propiedades están en un área, todas estarán sujetas a los mismos factores que pueden afectar la devaluación de la propiedad, incluyendo una economía en decadencia, incremento de las tasas de crimen, desastres naturales (inundaciones, tornados y huracanes, terremotos), etc.

Aquí hay algunos de los factores principales para evaluar un área para una posible inversión en propiedades para la renta:

1) **Tasa de Empleo.** ¿Cuál es la tasa de empleo en el área en la que estás pensando invertir? Eso tendrá un gran impacto en qué tan exitoso quieres ser con una propiedad en alquiler en esa área. Obviamente, si la tasa de desempleo en el área es alta, encontrarás que es un área en donde será difícil encontrar y mantener arrendatarios de buena reputación.

2) **Tasa de Crimen.** La tasa de crimen en el área también será un factor que definirá si serás capaz de asegurar y mantener arrendatarios. Crímenes mayores como homicidios, asaltos sexuales, atracos, robos y secuestros, con seguridad van a empañar la reputación y la habitabilidad de un área y esos crímenes y la reputación que los acompaña, pueden impactar tu oportunidad de éxito en esa área o ubicación.

3) **Sistema Escolar.** ¿El área que estás considerando tiene un buen sistema escolar? Si vas a rentar a familias con niños, el sistema escolar en el área podría impactar tu habilidad de rentar una propiedad. Si el área tiene un buen sistema escolar, es probable que encuentres que las personas quieren vivir allí por eso. Por otro lado, si la reputación del sistema escolar del área es poca, puedes notar que las personas buscan mudarse a otro distrito.

4) **Vacante/No Vacante.** ¿El área que estás considerando para propiedades en renta tiene muchas vacantes? ¿o casi ninguna vacante? Esto también será un indicador del posible éxito que podrías tener en el área. Si hay muchas vacantes en tu área, comerciales y residenciales, encontrarás que es mucho más difícil alquilar una propiedad. Y posiblemente notes que las tasas de renta tienen márgenes de ganancia mucho más bajos, ya que el mercado es mucho más competitivo. Si conduces a través de un vecindario y encuentras muchos negocios o casas clausuradas o vacantes, no es una buena señal. Por otro lado, si conduces a través del área y notas que muchas residencias y negocios están siendo remodelados, eso es una señal de que las personas están invirtiendo en el área.

Cómo Identificar un Mercado Emergente de Bienes Inmuebles.

Si vas a invertir en propiedades para renta, querrás buscar mercados de bienes inmuebles emergentes. Hay un número de indicadores seguros de sí un mercado está floreciendo o en declive. Aunque mucha de esta información puede encontrarse en línea, no debes subestimar el valor de encontrar información de estas áreas simplemente visitándolas y reuniéndote con las personas que viven y trabajan allí. Aunque la data y los análisis son importantes cuando se toman decisiones en bienes raíces, nunca debes pasar por alto el "examen de vista" como una parte de tu toma de decisiones.

Una de las cosas determinantes a considerar en tus inversiones en bienes inmuebles, es el crecimiento poblacional del área. ¿El área está creciendo, está estable o estancada, o está decayendo? Obviamente, el crecimiento poblacional y la demanda correspondiente por viviendas es deseable para los inversores en bienes raíces. Más probablemente querrás aferrarte a un área que está creciendo cuando selecciones las áreas en las que quieres poseer tus inmuebles.

Otro factor a considerar es la existencia de hogares en venta. Incluso si parece ser una depresión económica, un incremento en la venta de casas existentes puede ser un fuerte indicador de que el área está emergiendo nuevamente. Como inversor en bienes inmuebles, tienes que estar consciente de que las áreas y los vecindarios a menudo se regeneran a sí mismos, y si puedes llegar a esas áreas temprano en ese proceso, podrás hacer muchas más ganancias de lo que harías si llegas más tarde. Habiendo dicho eso, algunas áreas y vecindarios nunca se regeneran y será importante que identifiques esas áreas mientras decides si invertirás o no en ellas. Las ventas de casas existentes en el área, son un indicador clave de la posible vitalidad del área. Cuando revises estadísticas para cualquier área, es importante notar que necesitarás afinarlas tanto como sea posible. Por ejemplo, si estás buscando hacer una inversión en bienes inmuebles en el área de Atlanta, es importante que refines esa información a un área más pequeña. Atlanta es un área metropolitana grande y hay vecindarios allí que están floreciendo y otros que están batallando en cualquier momento dado. Entonces, necesitarás refinar tu información, buscar un código postal o preferiblemente incluso un vecindario dentro de un código postal.

Tasas de renta en aumento son otro fuerte indicador al buscar un mercado emergente de bienes inmuebles. Si las tasas de renta están incrementando constantemente año tras año, esto indica que el mercado de bienes raíces en el área es sano y un posible objetivo para invertir. Si estás interesado en determinar las tasas de renta en un área dada, el índice de renta de Zillow proporciona información valiosa, incluyendo la media estimada de la tasa de renta de mercado en cualquier región y tipo de vivienda específica.

También, nuevas construcciones en el área son un indicador de que el área es sana desde el punto de vista de bienes inmuebles. El índice de Construcción Residencial, proporcionado por la oficina de censos de los Estados Unidos, contiene información valiosa acerca del número de permisos de edificios que han sido otorgados para un área en particular, y también el número nuevas casas que son comenzadas y terminadas cada mes.

Las tasas de ejecución hipotecaria en cualquier área son otro indicador del potencial de inversión en bienes raíces. Como alguien que se interesa en propiedades para renta, probablemente querrás alejarte de las áreas que tienen tasas de ejecución hipotecaria en aumento.

También, hay factores menos convencionales que pueden indicar si un área es un buen objetivo para invertir. ¿Una compañía grande anunció que se reubicará en el área o que abrirá una sucursal en el área? Si es así, significa que los empleados también se estarán reubicando a esa nueva locación. Algunos de ellos estarán buscando mudarse más cerca de su sitio de trabajo. De cualquier forma, eso es bueno para la economía del área. Por lo contrario, ¿Una compañía grande anunció que dejarán el área? Si es así, la mudanza puede tener un impacto negativo en la economía local.

Otro indicador menos convencional del potencial de bienes inmuebles es determinar el tiempo normal que le toma a una casa ser vendida o rentada. Si el tiempo promedio está por encima de seis meses, esto puede ser un indicador de que el mercado es plano y no es un buen candidato para una inversión actual. Por otro lado, si se están vendiendo o rentando en 30 días, es una muy buena señal y es un indicador de que el área es un buen objetivo de inversión.

Capítulo 3 – Escoger la Mejor Propiedad

Ahora que sabes más acerca de cómo evaluar propiedades y áreas y cómo identificar áreas que son buenos objetivos de inversión, es momento de hablar acerca de cómo escoger los tipos de bienes inmuebles que funcionarán mejor para ti. Esta es una parte importante del proceso, ya que minoristas que quieren ser inversores cometen el error de escoger un área de renta que no encaja con sus intereses o sus personalidades.

Bienes Inmuebles Residenciales para Invertir

Puedes sorprenderte al saber que hay muchos tipos diferentes de bienes inmuebles en los cuales invertir, incluyendo un número de tipos diferentes de bienes inmuebles residenciales:

1)   **Casas individuales de familia.** Estas son el tipo más popular de viviendas para alquiler. Aunque las casas individuales de familia también incluyen otros tipos de viviendas listadas posteriormente (apartamentos, condominios, townhouses, cooperativas, viviendas de lujo, viviendas vacacionales), las viviendas individuales de familia son la categoría más grande de los bienes raíces residenciales.

2)   **Condominios/cooperativas.** Aunque los condominios y las cooperativas son viviendas individuales de familia, son un poco distintas ya que son administradas por una asociación de propietarios. Esta asociación es usualmente responsable por las áreas comunes y las responsabilidades del complejo, incluyendo recolección de basura, paisajismo, mantenimiento de áreas comunes y mantenimiento exterior frecuente de las unidades individuales. En retorno, la asociación de propietarios recolecta un impuesto de todos los miembros. Si vas a rentar una unidad que está administrada por una

asociación de propietarios, tienes que incorporar los impuestos de propietario en la renta que cobres a tus inquilinos.

3) **Viviendas Multi familiares.** Las viviendas multi familiares son propiedades que incluyen dos o más inmuebles que son rentados por separado. Esto incluye edificios de apartamentos, dúplex o triples. Con algunos inversores en bienes raíces, el dueño vive en una de las unidades y renta las otras. Poseer viviendas multi familiares es ligeramente más complicado que poseer viviendas individuales de familia, ya que el desempeño de la propiedad está basado en el desempeño de cada unidad individualmente. También, debes saber que las viviendas multifamiliares son clasificadas a veces como propiedades comerciales, dependiendo del número de unidades involucradas.

4) **Viviendas de Lujo.** Las viviendas de lujo son viviendas de la mejor calidad que contienen las últimas comodidades, tecnologías y dispositivos. Estas son propiedades que demandan tasas de renta muy altas. Y son las viviendas más costosas en las qué invertir.

5) **Viviendas Vacacionales.** Las viviendas vacacionales son alquiladas a menudo por temporadas, con las tasas de renta fluctuando desde altas durante las temporadas altas, hasta bajas durante las temporadas bajas. La mayoría de las viviendas vacacionales están ubicadas en áreas turísticas. Áreas en Texas, Florida y Arizona tienen muchas viviendas vacacionales en donde acomodar a personas que viven en climas fríos, personas de las áreas al norte de los Estados Unidos que están tratando de escapar del clima frío de los inviernos. Los inversores también poseen viviendas vacacionales a lo largo de las costas en varias ubicaciones. Otros tienen viviendas vacacionales cerca de destinos turísticos como Disney World. Y casas del lago en las áreas del norte del país como Minnesota, Michigan y Wisconsin, también pueden ser buenas inversiones. Una de las ventajas de poseer una propiedad vacacional es que los dueños pueden usar a menudo

esas propiedades para sus propias vacaciones o escapadas y luego rentar la propiedad por el resto del año.

Tipos de Bienes Inmuebles Comerciales

Los bienes raíces comerciales cubren muchos tipos diferentes de bienes raíces, todo desde edificios o espacios de oficinas individuales a rascacielos enormes, aeropuertos, estadios, parques de diversiones y centros comerciales. Como un novato en bienes inmuebles, vamos a suponer que estás más cerca de los inversores con menos dinero, pero debes saber que casi todos los tipos de bienes inmuebles comerciales que estamos listando, incluyen propiedades tanto grandes como pequeñas. Debido a los costos involucrados, los bienes raíces comerciales normalmente son un juego de grandes ligas. De la misma forma, la mayoría de los acuerdos de arriendo comerciales son más largos que los acuerdos residenciales, debido a que los espacios son normalmente construidos en el edificio o propiedad para los inquilinos.

1) **Espacio de oficina.** Esta es la propiedad comercial más común. El espectro del espacio de oficinas va desde propiedades con un solo inquilino hasta rascacielos y complejos de oficinas que son hogar de cientos de inquilinos y miles de sus empleados. Como en las propiedades residenciales, las propiedades comerciales son clasificadas con niveles de calificaciones (A, B, C). Los bienes inmuebles comerciales de clase A consisten en edificios nuevos o recientemente restaurados extensivamente. Normalmente están en áreas excelentes y por lo general son administrados por compañías profesionales de administración. Los bienes raíces comerciales de clase B son la clase más popular para inversores. Normalmente son edificios ligeramente más viejos que requieren algo de inversión de capital para reparaciones menores o actualizaciones. Las propiedades comerciales de clase C son a menudo edificios viejos que son objetivo

de renovaciones mayores o remodelaciones. Los que invierten en propiedades de clase C, generalmente pueden esperar inversiones importantes de capital para actualizar la propiedad y hacerla comercializable a los inquilinos. Las tasas de vacantes son usualmente mucho más altas en propiedades de clase C, y estas propiedades son mucho más difíciles de rentar.

2) **Minoristas.** De nuevo, el espectro es gigante, va desde una tienda de impresiones que podría tener dos o tres empleados, hasta un restaurante o banco que podría tener 50 empleados, o un centro comercial inmenso que podría tener miles de empleados. Las propiedades minoristas a menudo están ubicadas en áreas urbanas o en distritos de negocios. La mayoría de los centros comerciales pertenecen a grupos grandes de inversión, pero del otro lado del espectro, algunas locaciones minoristas más pequeñas pertenecen a una pareja o a una familia de inversores.

3) **Industrial.** Las propiedades industriales van desde instalaciones de manufactura hasta instalaciones de almacenamiento. A menudo requieren grandes espacios para colocar áreas de puerto para los envíos que entran y salen. Estas propiedades industriales normalmente son más bajas en renta y más bajas en áreas de tráfico, ya que son negocios de más bajo perfil que no requieren bienes inmuebles de primera.

4) **Multi familiares.** Esto incluye locaciones residenciales que tienen al menos cuatro unidades. También incluyen grande complejos de apartamentos y complejos de condominios de alto alcance. Muchos inversores en propiedades residenciales que quieren empezar en bienes raíces comerciales, escogen comenzar invirtiendo en propiedades multi familiares como edificios de apartamentos que pueden acomodar desde cuatro hasta una docena de inquilinos. Como discutimos los bienes raíces en este capítulo, debemos aclarar que los

acuerdos de arrendamiento residenciales son usualmente mucho más cortos que los comerciales. La mayoría de los arriendos residenciales tienen términos para seis o 12 meses. La mayoría de los alquileres comerciales van desde 3 a 20 años, dependiendo del edificio y de los negocios. Los arriendos comerciales son normalmente más largos porque el dueño usualmente tiene que hacer arreglos al edificio para que encaje el negocio del inquilino. Y cuando el inquilino se va, el edificio o espacio generalmente tiene que servir a otro propósito o ser remodelado para encajar con el siguiente inquilino.

5) **Propósito especial.** Así como acabamos de mencionar cambiar el propósito, también debemos mencionar los bienes inmuebles comerciales con propósitos especiales. Esto es generalmente un edificio construido para un propósito único o especial y que a menudo no puede cambiarse sin hacer muchas renovaciones. Negocios como autolavados, escuelas e instalaciones de almacenamiento son considerados locaciones de propósitos especiales. Por ejemplo, si eres dueño de una propiedad y estás rentando a un inquilino que tiene un autolavado, no será fácil cambiar el propósito de ese edificio si el inquilino se va. Tendrás que arrendar a otro inquilino que quiera utilizar las instalaciones como un autolavado o tendrás que prepararte para hacer remodelaciones o renovaciones mayores para el siguiente inquilino. Por eso es que los arriendos de edificios para propósitos especiales normalmente son mucho más largos que para cualquier otro tipo de bienes raíces.

Y mientras discutimos los bienes inmuebles comerciales con propósitos especiales, también debemos mencionar las urbanizaciones de diversos usos. Estas urbanizaciones se han vuelto extremadamente populares en los últimos años, mayormente en áreas urbanas. Un ejemplo de una urbanización de usos diversos sería un complejo de apartamentos de múltiples pisos con uno o varios negocios en la planta baja. Ese negocio podría ser un restaurante de pizza, un club de salud, o incluso un supermercado. Generalmente, el negocio ubicado en la planta baja del complejo es una ubicación minorista que puede beneficiarse financieramente de los inquilinos de arriba. De forma similar, las grandes compañías tienen edificios de usos diversos en donde las oficinas constituyen una gran parte del espacio, pero también rentan el espacio restante a otros negocios minoristas que se pueden beneficiar del gran número de empleados. Como un ejemplo, una compañía grande en la industria de electrónicos tiene un campus con múltiples edificios y miles de empleados. Permiten que ciertas compañías minoristas renten espacio dentro de su edificio, incluyendo compañías de café, tintorerías, club de salud, y una oficina médica. La idea es que no solo estos negocios puedan beneficiarse del gran número de empleados de la compañía, sino que la compañía también está haciendo las cosas más convenientes para sus empleados que ya no tienen que dejar las instalaciones para hacer algunas de sus diligencias o actividades.

6) **Ocupado por el dueño.** Algunos inversores en bienes raíces compran propiedades con la intención de usarlas para sus propios propósitos. Algunos de estos inversores usan una porción del espacio para ellos y rentan el resto a inquilinos. Esta estrategia puede ser aplicada a muchas de las opciones de bienes inmuebles comerciales antes discutidas.

La Regla del 1% para Invertir en Bienes Inmuebles

Anteriormente mencionamos la regla del 1%. Mientras considera qué inversiones en bienes raíces hacer, necesitarás algún tipo de herramienta de medida para determinar cuánta renta necesitarías cobrar por una propiedad, comercial o residencial. Necesitarás asegurarte que la renta que les estás cobrando a tus inquilinos al menos cubre todos tus gastos por la propiedad, con suerte más, para que puedas tener una ganancia. Después de todo, la mayoría de nosotros no pretendemos comenzar en bienes raíces como un hobby, la mayoría de nosotros estamos buscando generar ganancias. La regla del 1% para invertir es una forma de determinar cuánta renta necesitarás cobrar por cualquier propiedad en alquiler en la que inviertas. Así es como funciona. (Discúlpanos por ser un poco redundantes, pero es totalmente imperativo que tengas una herramienta de medida del monto de la renta que necesitarás cobrar para producir ingresos a partir de la propiedad).

Con la regla del 1%, simplemente multiplicas el precio de compra de la propiedad por 1% para determinar el nivel base de la renta mensual que necesitarás cobrar. Por ejemplo, si compras una propiedad por $300,000, multiplicas eso por 1% para obtener una tasa base de $3000. Esos $3000 serán la base con la que debes trabajar al determinar el nivel de renta para un inquilino. Por favor entiende que ese es solo el nivel base y que necesitarás también considerar otros gastos para la propiedad, incluyendo cosas como seguro, impuestos y mantenimiento. El mantenimiento puede incluir cosas como recolección de basura, servicios de limpieza, remoción de nieve y paisajismo. Esos gastos también deben ser tomados en cuenta cuando determines tu nivel de renta, y tu punto de ganancia.

Obviamente, la renta o rentas que estás cobrando necesitan cubrir tus pagos de hipoteca (a menos que en verdad estés invirtiendo en bienes inmuebles como una caridad o un hobby). Si la propiedad en la que estás interesado requerirá reparaciones o renovaciones mayores antes de poder ser rentada, necesitarás añadir esos estimados de costos al precio de compra antes de calcular el 1%. Por ejemplo, si la propiedad de $300,000 en la que estás interesado requerirá una reparación del techo de $20,000 antes de poder salir al mercado, añadirás esos $20,000 antes de calcular el 1%. Como un inversor, idealmente debes buscar un préstamo hipotecario con pagos mensuales que sean menores al 1% que ya calculaste.

Nuevamente, hay muchos otros factores que considerar al evaluar el potencial de ganancia de una propiedad, pero la regla del 1% al menos te da una base para comenzar a determinar qué nivel de renta necesitas cobrar y qué tipo de pagos de hipoteca debes buscar al comprar la propiedad.

Preguntas Esenciales que Tomar en Cuenta Cuando Evalúas una Propiedad

Invertir en bienes inmuebles para rentar es una consideración muy importante y necesitarás asegurarte de hacerte las preguntas correctas cuando evalúes cualquier propiedad. Aquí hay algunas preguntas que deberías hacerte cuando consideres comprar propiedades para la renta:

1) **¿La ubicación es una inversión sólida?** Como mencionamos antes, la ubicación puede ser el factor principal en la rentabilidad de una propiedad. Cuando se evalúa una ubicación hay un número de cosas a considerar. ¿La ubicación está cerca de comodidades que tus posibles inquilinos van a requerir? Si estás planeando rentar a familias jóvenes con niños, instalaciones cercanas como buenas escuelas, supermercados, gimnasios y restaurantes van a mejorar tu inversión. Si estás planeando rentar a ciudadanos mayores, instalaciones cercanas como supermercados, oficinas médicas, clínicas y clubes de salud serán atractivas para los posibles inquilinos. Si estás pensando rentar a estudiantes universitarios, sitios cercanos como bares, restaurantes y gimnasios, pueden aumentar el atractivo de tu propiedad. Otra cosa a considerar en la ubicación es si el área posee una piscina de posibles inquilinos suficientemente grande. Por ejemplo, si tienes una propiedad exclusiva en un área en donde los que residen son mayormente trabajadores de clase media, puedes tener dificultades al rentar esa propiedad. Si tienes una propiedad clase C con una renta baja en un área que es de residentes en su mayoría exclusivos, puede ser difícil rentar. Entonces, asegúrate de que tu ubicación encaja con la piscina de posibles inquilinos que tienes de objetivo. Si te puedes asegurar de eso, también asegurarás tener un ingreso constante por renta durante el tiempo que poseas la

propiedad.

2) ¿La propiedad es funcional? Si no, ¿qué se necesitará para hacerla funcional? Está bien comprar una propiedad que necesite reparaciones, incluso reparaciones mayores. Sin embargo, antes de comprar esa propiedad, tendrás que determinar cuánto costará y cuánto tiempo tomará hacer que la propiedad sea funcional. Los inversores novatos se caracterizan por subestimar los costos involucrados en arreglar una propiedad. Hemos escuchado a algunas personas diciendo que, si estás estimando los costos y el tiempo de una propiedad, simplemente debes tomar cualquier monto que obtengas y duplicarlo. Ellos viven del mantra: "Si algo puede salir mal, saldrá mal". Entonces, si calcularon que los costos de renovación serán $20,000, pensarán que podrían terminar gastando hasta $40,000 en la renovación. Si calcularon seis semanas para hacer la renovación, estarán conscientes que podría tomar hasta tres meses si las cosas no salen como lo planearon.

Cuando evalúes la propiedad en la que estás interesado, tendrás que determinar qué cosas puedes reparar tú mismo y para qué cosas necesitaras buscar contratistas. Y, obviamente, también tienes que calcular los costos de materiales para cualquier renovación. Esto puede ser un proceso algo complicado; por eso es que muchos inversores novatos en bienes raíces de renta, solo optan por comprar propiedades que no requieren renovaciones importantes. Toman la actitud de que al menos tienen un mejor indicador de en qué se están metiendo en cuanto a costos. Si no tienes experiencia renovando propiedades, es más posible que te encuentres con sorpresas costosas cuando estés arreglando un inmueble.

También, debes saber que cuando nos referimos a una propiedad funcional, también nos referimos a una propiedad que es fácilmente rentable a inquilinos y que es segura para ellos. Si estas cosas no están sucediendo, limitarás tu habilidad de rentar la propiedad o puedes poner en peligro a un inquilino, hasta el punto en donde estás poniendo en riesgo su seguridad o arriesgándote a una seria acusación de seguro en tu contra. Por ejemplo, si tienes un techo que gotea, eso seguramente impactará tu habilidad de rentar la propiedad, o incluso, si la rentas, puede comprometer tu habilidad de continuar rentándola. O, si tu techo está completamente destruido, podrías poner en peligro la seguridad de un inquilino.

3) **¿Cuánto costará mantener la propiedad?** Al evaluar la viabilidad o la posible rentabilidad de una propiedad para alquiler, necesitarás determinar también cuánto costará mantenerla. Por ejemplo, si eres dueño de un pequeño complejo de oficinas, probablemente tendrás que pagar por paisajismo y recolección de basura. Si tienes áreas comunes en el edificio, tendrás que pagar por servicios de limpieza, incluyendo mantenimiento de baños. Si estás en un área norteña, probablemente tendrás que pagar por remoción de nieve. Todos estos costos de mantenimiento tendrán un impacto en la rentabilidad de tu propiedad de alquiler. Debes notar que puede haber más costos involucrados en unas propiedades que en otras. Por ejemplo, si estás rentando una propiedad vacacional que tiene inquilinos frecuentes, tendrás que pagar más frecuentemente para preparar la propiedad para los nuevos inquilinos. Si estás rentando una propiedad para estudiantes universitarios que podrían usarla para hacer fiestas, podrías tener que pagar más en costos de reparación cuando te prepares para nuevos inquilinos. ¿La propiedad está cerca de donde vives o trabajas? ¿Estarías dispuesto a hacer cualquier reparación menor o necesitarás contratar a una empresa de administración para que se ocupe de esas reparaciones? Esas son todas las cosas en las que debes pensar cuando estés evaluando la viabilidad de una propiedad para renta.

Además de reparaciones y costos de rutinas de mantenimiento, debes hacerte algunas otras preguntas respecto a la viabilidad de la propiedad. ¿Cuáles son los impuestos esperados sobre la propiedad? ¿Los costos de seguro proyectados? ¿Cuál es la tasa de vacantes para el área en donde está ubicada la propiedad? ¿Cómo cubrirás los gastos de vacantes? ¿Tendrás un fondo separado preparado para eso o tendrás que pedir dinero prestado? (Esperemos que no). ¿La renta que tendrás que cobrar por la propiedad es competitiva con las tasas cobradas por propiedades similares en el área? ¿La propiedad está ubicada en un área floreciente? ¿En un área en declive? ¿Hay algún cambio próximo en el área que impacte la economía? (por ejemplo, una compañía importante llegando o dejando el área) ¿Hay algún metro u otro medio de transporte importante que se ubicará en el área? ¿O algún estadio deportivo? Esto puede afectar la disponibilidad de estacionamiento en el área y hacer que la propiedad residencial sea menos deseable. Por otro lado, también ofrece más oportunidades para bienes raíces comerciales para nuevos restaurantes, bares y hoteles.

Comprar una propiedad de inversión puede ser complicado. Lo bueno es que las propiedades para renta también pueden ser muy rentables. Pero querrás asegurarte de hacerte todas las preguntas necesarias antes de invertir en cualquier propiedad. Calcular mal cualquiera de estos factores podría hacer la diferencia entre ser rentable o perder dinero en tu inversión.

Capítulo 4 – Financiando tus Propiedades para Alquiler

Hemos estado hablando acerca de por qué tener propiedades para rentar es una buena idea, los diferentes tipos de inversiones en propiedades para renta y las cosas a considerar cuando se escoge una propiedad para alquilar. Ahora es momento de decirte las formas en las que puedes financiar una propiedad para alquilar. Hay múltiples formas de hacer esto, incluyendo algunas formas para los inversores principiantes que entran al mercado.

Hackeo de Casas: Genera Dinero y Vive Gratis

Algunos de ustedes pueden no estar familiarizados con el término "hackeo de casas", entonces, antes de explicar cómo hacerlo, debemos explicar qué es. El hackeo de casas involucra la renta o arriendo de propiedades ocupadas por el dueño a inquilinos, como esfuerzo para subsidiar los costos de estadía para el dueño. El hackeo de casas es especialmente popular entre inversores jóvenes y solteros. Así es como funciona. Una persona compra una casa (o ubicación de oficina) con la intención de vivir en esa vivienda. Alquilan la casa a uno o más ocupantes y usan el ingreso por renta para subsidiar o financiar los costos de la propiedad. Por ejemplo, un recién graduado universitario opta por comprar una casa inicial y luego compartirla con dos compañeros de cuarto. Su pago de hipoteca es de $1100 al mes y le cobra a cada uno de sus compañeros $600 al mes para cubrir los costos de su hipoteca y algunos costos adicionales de la casa, incluyendo agua y electricidad. En esencia, el recién graduado es capaz de vivir en una casa gratis y, al mismo tiempo, hacer que sus inquilinos paguen por la equidad que acumula en la vivienda.

La ventaja para los compañeros de cuarto es que pagan menos para vivir en esta casa de lo que pagarían para rentar un apartamento de una habitación. Al mismo tiempo, tienen más espacio y posiblemente más comodidades de lo que tendrían en un apartamento de una habitación.

La posible desventaja para el dueño es que tiene que compartir su espacio de vida y podría preferir más privacidad. (Por el otro lado, podría disfrutar la compañía). Como la mayoría de nosotros que hemos compartido un área de vida, sabemos, el arreglo de convivencia funciona mucho mejor si las partes son compatibles. También, podría haber algunos riesgos de seguridad si le rentas a un extraño. Escuchamos una historia de un hombre que compartía su casa con un compañero, solo para llegar a la casa un día y ver que todas sus pertenencias habían desaparecido.

También debemos resaltar que el hackeo de casas no siempre involucra compañeros de cuarto. No es inusual para algunos hackers de casa el comprar dúplex o triples, viviendo en una de las unidades y luego rentando las otras unidades a otros. Esto le permite al dueño tener mucha más privacidad de la que tendría compartiendo una unidad con compañeros de cuarto.

Repasemos los beneficios del hackeo de casas:

1) **Puedes disminuir o eliminar tus gastos de vivienda.** Como todos saben, para la mayoría de nosotros, el gasto de vivienda es usualmente nuestro gasto más grande del mes. Las estadísticas muestran que los estadounidenses gastan alrededor del 40% de su ingreso en vivienda. Con el hackeo de casas, serás capaz de reducir substancialmente o eliminar esos gastos. Y para los recién graduados de la universidad que están viviendo con sus padres, el hackeo de casas también ofrece más independencia que la que tendrías viviendo con ellos.

2) **Aumenta tu ingreso, ahorros.** Muchas personas ven la etapa de hackeo de casas como una transición o etapa temporal que les permite trabajar por su propia independencia financiera mientras

pagan préstamos estudiantiles o de carros o ahorran dinero para la siguiente casa luego de la vivienda inicial. Alunas personas usan el hackeo de casas mientras trabajan por una segunda propiedad de inversión, otros simplemente usan el dinero para pagar unas buenas vacaciones.

3) **Obtener algo de experiencia como arrendador.** Vivir con inquilinos te permitirá comenzar en el mundo de ser un arrendador. Escuchando los deseos, necesidades y preocupaciones de los inquilinos, obtendrás una idea de cómo es ser un arrendador. También tendrás una idea de las cosas que pueden salir mal para un propietario (goteras, inquilinos que pagan tarde, el refrigerador deja de funcionar, etc.). Cuando se requieren reparaciones, aprenderás a resolver problemas, ya sea reparando las cosas por ti mismo o contratando a alguien que haga las reparaciones por ti.

4) **Poseer propiedad.** Como un hacker de casas, establecerás pertenencia sobre la propiedad. Al mismo tiempo, el valor de tu inversión puede ir escalando y cuando vayas a vender la propiedad, cosecharás los beneficios del valor aumentado.

Formas Creativas de Financiar tus Propiedades para la Renta

La forma convencional de comprar una propiedad para la renta es ahorrar para el pago inicial y luego conseguir una hipoteca para cubrir el resto del monto. Sin embargo, hay otras formas en las que puedes financiar la compra de una propiedad para la renta.

1) **Hackeo de Casas.** Como se explicó antes, el hackeo de casas es una forma popular de financiar tu primera propiedad para la renta.

2) **Financiamiento del Vendedor.** Algunos Vendedores están dispuestos a prestar dinero para la compra de su propiedad. Algunos de ellos están dispuestos a prestar el monto total de la compra; otros están dispuestos a prestar el monto de la inicial. Si puedes hacer esto, puedes encontrar que es un proceso mucho más sencillo y con menos papeleo que un préstamo bancario. Como alguien que está comprando la propiedad, quieres asegurarte de que estás recibiendo una tasa de interés justa. A menos que seas muy experimentado en comprar propiedades de bienes raíces, sería muy aconsejable que consultes con un abogado para iniciar esta compra. Y cualquier cosa que hagas, asegúrate que tengas tu acuerdo por escrito. Para muchos de ustedes, está sería una de las compras más grandes de su vida y con certeza quieren asegurarse que está propiamente documentada.

Discutiendo el financiamiento del vendedor, debes saber que muchos vendedores no promocionan que ofrecen financiamiento. Si realmente estás interesado en financiamiento del vendedor como una opción, debes preguntarle al vendedor si están dispuestos a ofrecerlo. Es posible que el vendedor no haya pensado antes en eso y puede ser que están tan interesados en vender la propiedad que estarán dispuestos a ofrecerte financiamiento con una buena tasa.

3) **Asociaciones.** Si no tienes suficiente dinero para el pago de una inicial, podrías conseguir un socio para tu compra. ¿Tienes un amigo o un miembro de tu familia que estaría dispuesto a asociarse contigo en la compra de una propiedad para la renta? Aunque puedes estructurar un acuerdo de sociedad de la forma que quieras, debes saber que en muchos acuerdos de sociedades en bienes raíces, uno de los socios hace el pago inicial, y el otro socio maneja todos los deberes del arrendador, incluyendo recolectar la renta, hacer reparaciones, interactuar con los inquilinos, etc. En esencia, la persona haciendo el pago inicial, es generalmente un socio silencioso. A cambio del pago de la inicial, los dos socios acuerdan repartir las ganancias provenientes del ingreso por renta y también cuando la propiedad es vendida. De nuevo, estos acuerdos de sociedad pueden ser estructurados de cualquier manera que tú y tu socio quieran, pero el principio básico de la sociedad es que un socio proporciona los fondos mientras que el otro hace el trabajo.

Muchas sociedades son compañías de responsabilidad limitadas (LLC) en las cuales puedes representar específicamente tu acuerdo y los roles correspondientes de cada parte. Una LLC es muy buena ya que también protegerá tus activos personales en el evento en el que tu negocio o sociedad sean demandados. Como recomendamos anteriormente en cuanto a financiamiento del vendedor, todos los acuerdos de sociedades deben estar por escrito. Los acuerdos verbales y darse la mano no son aconsejables para una compra tan grande. Si no tienes una relación con un abogado que pueda iniciar una LLC o un acuerdo de sociedad, hay compañías como Rocket Lawyer o LegalZoom que están disponibles en línea para ayudarte a redactar acuerdos legales sencillos.

4) **Programas del Gobierno.** Puede que no estés familiarizado con la FHA, Administración Federal de Viviendas. La FHA ofrece préstamos razonables para propiedades ocupadas por el dueño, incluyendo dúplex, triples y cuádruples o edificios de apartamentos de cuatro unidades. La tasa del préstamo de la FHA es muy razonable entre 3-1/2%. Los límites de préstamos de la FHA son diferentes para cada país, entonces, si estás interesado en el financiamiento de la FHA, te sugerimos que averigües cuál es el límite de préstamo en tu país antes de vayas demasiado lejos en tu búsqueda de propiedades de renta para invertir.

5) **Cuentas de Jubilación.** Si eres un poco mayor y tienes alguna cuenta de jubilación de la que puedas sacar dinero, esta es otra buena forma de financiar la compra de una propiedad para la renta. Si tienes una cuenta IRA (Cuenta Individual de Jubilación), no estás

restringido a activos tradicionales como mercados de acciones o fondos mutuos. También se te permite invertir esos fondos en activos no tradicionales, incluyendo propiedades para renta. Nuevamente, vamos a sugerir que consultes con un profesional en usar los fondos de una cuenta de jubilación para una compra de bienes inmuebles, ya sea un planeador financiero o un contador público certificado. Comprar una propiedad para renta es un negocio serio y no debes tratar de hacerlo sin el consejo de un profesional, a menos que tengas experiencia haciéndolo.

Comienza a Ahorrar Ahora Mismo para el Pago de una Inicial

Como alguien que ya ha leído tanto de este libro, parece que tienes un interés sincero en comprar y poseer una propiedad para la renta. Habiendo dicho eso, podrías estarte preguntando cómo vas a acumular el monto que necesitas para realmente comprar la propiedad. En este capítulo, hemos presentado algunos pensamientos simples de cómo puedes ahorrar suficiente dinero para hacer el pago de una inicial. La mayoría de estas ideas son técnicas de planeación financiera que pueden ser exitosas para cualquiera que esté buscando ahorrar suficiente dinero para cualquier compra en particular.

1)   **El Plan del Porcentaje.** Usando el plan del porcentaje, te animamos a primero determinar dónde gastas todos tus ingresos normalmente. Sugerimos que detalles todos tus gastos fijos u obligatorios de los últimos 90 días. Los gastos obligatorios o fijos son los que tienes que hacer e incluyen cosas como renta, servicios, préstamos estudiantiles y de vehículo, comida, gasolina, televisión por cables, servicios de internet, teléfono, etc. Estos pagos son fáciles de registrar, ya que tendrás recibos de la mayoría de ellos. Aunque algunos de estos pagos pueden variar ligeramente de un mes a otro

(por ejemplo, tu factura de la electricidad podría ser de $60 un mes y $70 otro mes), deberías tener suficiente información para saber cuál es tu promedio de gastos mensuales. Luego pondrás todos esos gastos obligatorios o fijos en una categoría y te moverás a la siguiente categoría, a la que llamaremos gastos a discreción.

Los gastos a discreción cubren el resto de los gastos que no son necesarios – cosas como un club de salud o membresía del gimnasio, el café diario de Joe que compras en el café de tu vecindario, gastos de bar/restaurante/entretenimiento, viajes de fin de semana y vacaciones, etc. Luego de que hayas listado todos los gastos a discreción que recuerdes, debes revisarlos y ver si alguno de ellos puede ser eliminado sin destruir severamente tu estilo de vida. ¿Estás utilizando tu membresía del gimnasio? ¿Puedes vivir sin la taza diaria de café del café del vecindario? ¿Realmente necesitas comer en restaurantes tres veces a la semana? ¿Puedes vivir sin un viaje de fin de semana? ¿Realmente necesitas el paquete Premium de TV por cable o puedes vivir con el paquete básico y menos costoso? Listando todos tus gastos a discreción de los últimos 90 días, serás capaz de ver cómo estás gastando tu dinero. Si puedes eliminar o reducir cualquiera de tus gastos a discreción, deberías ser capaz de colocar esos fondos en los ahorros para la inicial de una propiedad para renta.

Luego de que totalices tus gastos fijos y determines cuáles deberían ser tus gastos a discreción, debes calcular qué porción de tu ingreso corresponde a cada una de estas categorías. La mayoría de las personas encuentra que los gastos fijos son entre 50 y 70 por ciento de su ingreso. Tus gastos fijos son en su mayoría no negociables. Quizás puedes cortar un pequeño monto de tu paquete de TV por cable dejando algunos de los canales Premium. Quizás puedas compartir el viaje en carro o hacer tus diligencias desde casa para ahorrar en gastos de gasolina. Pero en su mayoría, tus gastos fijos son lo que son.

Tus gastos a discreción son exactamente eso…son a discreción. Debes determinar exactamente cuáles de esos gastos son indispensables para ti y cuáles puedes eliminar o reducir. Luego de que hayas determinado el monto que quieres asignar mensualmente para actividades a discreción, debes ver qué porcentaje de tu ingreso representan estos gastos. Y luego ver cuánto queda para ahorros.

Algunas personas terminan con un plan de 70/20/10. (70% fijos, 20% a discreción, 10% ahorros). Otros terminan con un plan de 50/30/20. Haz lo que funcione mejor para ti, sin embargo, lo importante es la categoría de ahorros, ya que usarás esos fondos para hacer el pago inicial de tu propiedad para la renta.

Estableciendo un límite mensual para tus gastos a discreción, serás capaz de ahorrar un acumulado de fondos necesario para comprar tu propiedad para alquiler. ¿Gastas impulsivamente? Si es así, eres el tipo de persona que podría tener más dificultad controlando tus gastos a discreción. Si este es el caso y necesitas ayuda controlando tus gastos mensuales, hay aplicaciones que pueden a ayudarte con eso.

Mint es una aplicación popular que te puede ayudar con tus gastos a discreción alertándote cuando estas acercándote al límite mensual que le asignes. Cuando te llega una "advertencia" de que estás cerca del límite, quizás eso pueda ayudarte a no hacer tantas compras en Amazon o en Starbucks.

Nuevamente, no hay reglas establecidas en cómo construir tu propio plan de porcentaje de ingresos. Lo que sea que funcione para ti está bien, mientras estés separando un monto mensual que necesitarás para el pago inicial de tu propiedad para alquiler.

2)   **Ingeniería Inversa.** Otra forma en la que puedes determinar cuánto tiempo te tomará ahorrar para el pago inicial de tu propiedad para renta es trabajar hacia atrás utilizando ingeniería inversa. Haciendo eso, primero determinas el precio aproximado de la propiedad que buscas. Para propósitos de este ejemplo, usaremos $100,000 como el número con el que trabajaremos. Notamos que este número puede ser extremadamente bajo para algunas áreas en el país,

pero es un número sencillo con el que trabajar, especialmente para los que no son muy buenos en matemáticas. Ja. Entonces, si, por ejemplo, estás pensando comprar una propiedad de $100.000, sabes que tendrás un pago inicial de 20% en esa propiedad ($20.000). Además del pago inicial, tendrás costos de cierre que normalmente están entre el 1 y el 2% del pago inicial. También necesitarás un fondo de contingencia de quizás otro 1-2%. Para los propósitos de este ejemplo, mantengámoslo simple y listemos los costos de cierre y de contingencia/emergencia en $2000 cada uno. Entonces, sumado a los $20.000 del pago inicial, necesitarás aproximadamente $24.000 para comprar una propiedad de $100.000. Si quieres comprar la propiedad para renta en dos años, tienes que dividir el monto total de $24.000 entre 24 meses. Esto te mostrará que necesitas ahorrar $1000 al mes para alcanzar tu meta de ahorros de dos años. Si esto es muy ambiguo, siempre puedes cambiar tu plan de ahorro de 24 a 30 o 36 meses. O puedes tomar la decisión de buscar propiedades menos costosas. De nuevo, no hay una prescripción establecida para cómo establecer un plan de ahorros. Tendrás que decidir lo que funciona mejor para ti o con lo que puedes vivir. La meta de este plan de ahorros es simplemente calcular y determinar cuánto tomará acumular los fondos para comprar la propiedad para alquiler y luego poner el plan en acción.

3) **Automatizar Tu Presupuesto.** No es un secreto que la falta de fuerza de voluntad es el desalentador más común de cualquier presupuesto. Te propones controlar tus gastos al principio del mes y luego de unos días encuentras el sweater firmado de la liga Nacional de Fútbol que has estado buscando en eBay, o el bolso de diseñador que has estado buscando en Amazon. Hasta allí llegó el presupuesto que estableciste al comienzo del mes. Han pasado cinco días y pasaste tu límite de gastos a discreción. Si este eres tú, y tienes dificultad controlando las compras impulsivas, puedes considerar automatizar tus pagos, especialmente tus ahorros.

Si luego de revisar tus gastos, determinas que puedes ahorrar $750 al mes, establece un pago automático una o dos veces al mes desde tu cuenta corriente a una cuenta de ahorros aparte que hayas designado para la compra de tu propiedad de alquiler. Debes tener una buena idea de cuándo recibes tus pagos y sabrás si te pagan mensualmente o quincenalmente. Establece el depósito automático a tu cuenta de ahorros apenas te depositen tu cheque. Quizás uno o dos días después. Al mismo tiempo, establece todos tus otros gastos fijos para que se paguen automáticamente, posiblemente en los mismos días. Luego, los fondos que queden en tu cuenta ese mes, los puedes usar como quieras en tus gastos a discreción. Estableciendo pagos automáticos, te asegurarás de que todos tus gastos fijos sean pagados. También estarás asegurando los montos que quieras ahorrar, ya que esos montos serán depositados antes de que hagas alguna compra a discreción.

Como mencionamos antes en este capítulo, sugerimos que revises todos tus gastos antes de establecer algún plan o presupuesto y luego determina si hay algunas áreas en las que puedes eliminar o reducir gastos. Elimina las cosas que no añaden valor a tu vida.

Capítulo 5 – Herramientas de Bienes Inmuebles para el Éxito

Ahora que sabes cómo acumular los fondos que necesitarás para hacer el pago inicial de tu primera propiedad para alquiler, vamos a expandir la vista y hablar acerca de algunas maneras en las que puedes construir una cartera de bienes raíces y de las personas que quieres tener en tu "equipo" de bienes raíces si tienes múltiples propiedades.

Estrategias para Construir una Cartera de Bienes Inmuebles Exitosa.

Una de las razones principales por las que el mercado de renta de bienes raíces es tan atractivo es porque la pertenencia de propiedades es cada vez más escasa y el porcentaje de personas que están alquilando está aumentando. Esto ha estado pasando por un par de décadas, y con el precio de viviendas en continuo aumento, esa tendencia probablemente no cambie pronto. Con esto en mente, es un muy buen momento para invertir en propiedades de bienes inmuebles y establecer una cartera de propiedades rentables que te dejarán financieramente estable por el resto de tu vida. Aquí hay un número de diferentes maneras en las que puedes establecer tu cartera de bienes raíces una vez que pases tu primera propiedad en renta.

1) **Compra Unidades Multi Familiares.** Hemos detallado muchos de los beneficios de las unidades multi familiares previamente en este libro. Si quieres construir tu "imperio" de bienes inmuebles, una de las mejores formas de hacerlo es comenzar a comprar unidades multi familiares. Los novatos en inversiones en bienes raíces a menudo comienzan con unidades multi familiares ocupadas por el dueño como dúplex, triples y cuádruples; luego se gradúan a unidades multi familiares más grandes como complejos de apartamentos. Siendo dueño de múltiples unidades en la misma ubicación, serás

capaz de consolidar tus esfuerzos y costos. Un propietario que tiene cuatro viviendas de familias individuales, obviamente tiene que poner más tiempo, esfuerzo y moverse más distancia que un propietario que posee un cuádruple. Entonces, si quieres comenzar a expandir tu imperio de renta de bienes inmuebles, las propiedades multi familiares son un gran punto para empezar.

2) **El Método de la Bola de Nieve.** Warren Buffet es uno de los inversores más exitosos de todos los tiempos y tiene mucho éxito utilizando el método de inversión de la bola de nieve. La mayoría de nosotros que vivimos en el norte de los Estados Unidos, estamos familiarizados con cómo construir una bola de nieve; algunos de ustedes en el Sur, quizás nunca hayan experimentado la nieve. Entonces, te recordaré cómo se hace una bola de nieve. Comienzas con una bola pequeña de nieve que normalmente cabe en tu mano. A medida de que das vuelta a esa bola sobre el suelo cubierto de nieve, se adiciona más nieve y la bola se vuelve más y más grande. Hemos visto ocasiones en las que las personas hacen bolas de nieve más altas que ellos.

Lo mismo pasa con el método de inversión de la bola de nieve. En vez de usar las ganancias de tu primera propiedad de renta para comprar nuevos vehículos o tomar vacaciones lujosas, puedes usar esas ganancias para comprar otra propiedad. Muchos inversores usan esta filosofía (y algunos ni siquiera lo saben). Es una muy buena forma de expandir un imperio de bienes raíces y, si tus propiedades son rentables, seguramente encontrarás que acumulas momento a medida que avanzas. Y tendrás una selección mucho más amplia de propiedades de las que escoger para invertir a medida que hagas más dinero. Serás capaz de graduarte de una vivienda unifamiliar o un dúplex a múltiples viviendas unifamiliares o propiedades con múltiples unidades, incluyendo complejos de apartamentos. Entonces, serás sabio y dejarás que el dinero que hagas por tus inversiones en propiedades de alquiler trabaje para ti. En vez de utilizar esas ganancias solamente para comodidades personales, serás sabio de usar esos fondos en otras inversiones.

3) **Comienza con Sociedades.** Hemos discutido algunos de los beneficios de sociedades en la sección de cómo asegurar el dinero para comprar tu primera propiedad para alquiler. Las sociedades también pueden funcionar después de la primera propiedad. Mientras te adentras más en la inversión en bienes raíces, podrías querer subir la apuesta en las propiedades en las que inviertes.

Probablemente querrás invertir en unidades más grandes y más costosas. Tener un socio de inversión te permitirá hacer esto más rápidamente y también reducirá tu exposición financiera en la propiedad en la que estás invirtiendo. También en lo relacionado a finanzas, encontrarás que los bancos que financiaron tus hipotecas previas, eventualmente pueden negarse a proveer hipotecas adicionales porque no quieren tener todos sus huevos en una sola canasta.

4) **La Estrategia C-B-A.** Previamente discutimos las diferentes clases de bienes inmuebles. Las propiedades de clase A son generalmente las mejores – nuevos edificios en excelentes áreas. Generalmente no se requieren reparaciones. Las propiedades de clase B son usualmente ligeramente más viejas y en buenas áreas. Quizás necesiten reparaciones menores. Las propiedades de clase C normalmente son propiedades marginales en áreas marginales con muchas reparaciones menores e incluso algunas mayores requeridas. Muchos inversores en bienes raíces que están tratando de construir una cartera, comienzan invirtiendo en propiedades de clase C y luego trabajan para llegar a las de clase B y luego a las de clase A. Las propiedades C son menos costosas que las propiedades A e inicialmente requieren mucho más trabajo. Comenzando con propiedades B o C, rápidamente obtendrás una buena educación en qué se necesita para ser un inversor en bienes raíces exitoso. Luego, a

medida de que acumulas dinero de las propiedades de clase C, serás capaz de invertir en las propiedades más costosas de clase B o clase A. Habiendo dicho eso, debes saber que algunos inversores escogen quedarse mayormente en la misma clase. Conocemos inversores exitosos que se mantienen mayormente en propiedades de clase B en vez de moverse a propiedades de clase A porque encuentran que las propiedades B son más rentables o más abundantes...o solo se sienten más cómodos en esa área. De cualquier forma, tienes la idea...tienes que aprender a dar pequeños pasos al comienzo antes de que puedas caminar, y tienes que aprender a caminar antes de que puedas correr.

5) **Varíalo.** Una de las claves para tener una cartera de bienes raíces exitosa es variar...tener una cartera diversificada. Algunos inversores se quedan estancados con las propiedades que funcionan para ellos. Quizás solo compran propiedades residenciales y no comerciales. Quizás solo compran propiedades de clase B. Quizás solo compran propiedades en la misma área de una ciudad. Aunque tienes que definitivamente tomar en cuenta lo que funciona para ti, el enfoque de "si no está roto, no lo arregles", también es importante la diversificación. Conocemos a un inversor quien por años solo invirtió en propiedades en un área metropolitana importante. Eran propiedades C que el inversor compraba y renovaba. En el momento en el que comenzó a comprar estas propiedades, esa área de la ciudad se estaba revitalizando a sí misma. Sus inversiones eran extremadamente rentables y tomó la decisión consiente de nunca salir de esa área con sus inversiones en bienes inmuebles. Luego de 20 años después de sus compras la misma área de la ciudad que una vez había estado revitalizada, estaba en un declive severo. Un área de clase media o media baja que una vez había sido moderadamente segura, ahora estaba llena de crimen, infestada de drogas y peligrosa. Las escuelas que eran consideradas buenas ahora eran consideradas inferiores. Los restaurantes y otros negocios que antes habían florecido, ahora estaban batallando, algunos de ellos cerrados. Las inversiones del inversor estaban

en un declive severo, todo porque puso todos sus huevos en la misma canasta y optó por no diversificarse. De nuevo, nadie te está diciendo que debes abandonar la filosofía de bienes raíces que funciona para ti, pero, a largo plazo, te irá mejor si escoges diversificar tus inversiones.

Bienes Inmuebles Comerciales, Otro Medio para Construir tu Cartera

Los bienes raíces comerciales son un juego distinto a los bienes raíces residenciales. Por razones obvias, los bienes raíces comerciales son generalmente más costosos que los residenciales. A diferencia de los bienes inmuebles residenciales, donde los arriendos convencionales son generalmente de un año, los arriendos comerciales usualmente comienzan en tres años y llegan a ser hasta de 20 años, dependiendo de cuánto de la propiedad debe ser personalizada para el inquilino. Si eres un novato en la renta de bienes raíces, es poco probable que te involucres en bienes inmuebles comerciales de forma grande, pero de todas maneras queremos darte una pequeña explicación de las diferentes categorías o estrategias de inversión en bienes inmuebles comerciales.

1) **Inversiones en Bienes Raíces Principales.** Las inversiones principales son conocidas como la forma más segura de inversión en bienes raíces comerciales. Con una estrategia de inversión principal, los inversores buscan propiedades estables en áreas estables. Esto significa edificios de alta calidad en áreas con pocas vacantes. Con una estrategia de inversión principal, los inversores generalmente están buscando rendimiento (ganancia inmediata) en vez de apreciación (ganancia a largo plazo). El retorno en inversiones principales en bienes inmuebles es generalmente menos del 10%, pero los inversores se ven atraídos a esta estrategia porque es estable y de bajo riesgo.

2) **Inversiones más que Principales.** Como el nombre lo indica, las inversiones más que principales son similares a las

inversiones principales, sin embargo, generalmente ofrecen una oportunidad de aumentar los retornos a través de una renovación menor o un reposicionamiento en el mercado. Estas son propiedades aún estables y atractivas con un grado de riesgo ligeramente más alto (posiblemente incluyendo algunos arriendos clave que están cerca de expirar).

3) **Inversiones con Valor Añadido.** Las inversiones con valor añadido son la estrategia más popular para inversiones en bienes inmuebles comerciales. Mientras las estrategias de inversión principal normalmente generan menos del 10% de retorno, las inversiones con valor añadido normalmente generan 10-15% de retorno. Mientras la meta de una estrategia de inversión principal favorece el rendimiento sobre la apreciación, una inversión con valor añadido favorece la apreciación sobre el rendimiento. En otras palabras, un inversor de valor añadido a menudo está bien con no recibir grandes ganancias por la propiedad hasta que sea renovada, reposicionada o vendida. Un inversor de valor añadido está en eso a largo plazo y usualmente mantendrá los activos por al menos cinco o siete años o hasta que tengan tiempo de mejorar o reposicionar la propiedad. La estrategia de bienes inmuebles de valor añadido es una estrategia de mayor riesgo y mayor recompensa.

Los términos y situaciones de arriendo son particularmente críticas con una estrategia de valor añadido. Por ejemplo, tomemos un complejo industrial antiguo que fue construido en los 1970s. El complejo tiene 12 inquilinos, quienes tenían arriendos de cinco años cuando se mudaron al complejo. 10 de los arriendos van a expirar en los próximos 18 meses; los otros dos arriendos son para inquilinos más nuevos. El edificio tiene tres vacantes. Con el tiempo, se ha vuelto más difícil rentar espacios a los inquilinos ya que el complejo es uno de los más viejos en lo que todavía es un área estable. Con esto en mente, parece que el complejo ofrece una excelente oportunidad para renovación o reposicionamiento, lo que resultaría en rentas más altas. Por otro lado, si la mayoría de los inquilinos tienen tiempos restantes más largos en sus contratos, probablemente no sería un buen momento para remodelar, ya que estarías gastando una cantidad significativa de dinero en inquilinos que ya están atrapados en arriendos a largo plazo. Entonces, si compras propiedades para alquiler con inquilinos existentes, definitivamente debes ver la situación de arriendo de esos inquilinos, para asegurarse que esos arriendos encajen con los planes que tienes para la propiedad.

4) **Oportunista.** Los inversores que usan la estrategia de inversión oportunista, son inversores que están dispuestos a tomar los riesgos más altos para lograr las recompensas más altas. Las propiedades oportunistas incluyen tanto propiedades existentes como nuevas urbanizaciones. Con las propiedades existentes, normalmente necesitan un trabajo significativo. Normalmente son propiedades de vacantes altas que son difíciles de alquilar. También puede ser áreas que requieren un cambio de propósito o reposicionamiento. Como un ejemplo, lo que una vez fue un complejo gigante de fabricación de cerveza a finales de 1800s, ha estado vacante por más de 10 años luego de que la cervecería fue comprada para otra cervecería y todas las plantas fueron consolidadas. Un grupo de inversionistas decidió darle un nuevo propósito la cervecería principal como un mercado internacional que ahora tiene más de 30 inquilinos. Obviamente esta es una situación de alto riesgo y alta recompensa, ya que el grupo de inversores tuvo que invertir millones en el cambio de propósito del edificio y del complejo. Pero si son exitosos en transformar su mercado internacional en un destino de alto tráfico, tendrán grandes recompensas por su estrategia.

10 Personas que Necesitas en tu Equipo Soñado de Bienes Inmuebles

Si vas a construir una cartera de bienes raíces exitosa, necesitarás tener un "equipo" de personas que puedas usar durante el proceso. Ser un inversor en bienes inmuebles exitoso requiere muchos sombreros distintos. A diferencia de otras empresas, ser un "lobo solitario" no va a funcionar si eres un inversor en bienes raíces. Vas a necesitar la ayuda y experticia de otros para ser exitoso. Aquí hay algunas de las personas que necesitarás en tu equipo de renta de bienes raíces mientras trabajas en construir tu cartera.

1) Banquero. Con suerte serás capaz de establecer una relación de trabajo con un banquero y que él o ella sepan lo que buscas en un préstamo bancario. ¿Cierre rápido? ¿Bajas tasas de interés?

2) Bróker Hipotecario. Quieres encontrar a alguien que trabaje para ti buscando los tipos de hipoteca que funcionan para ti. Como con la mayoría de los miembros de tu equipo, quieres a alguien que entienda tu negocio, especialmente si compras propiedades continuamente.

3) Contador. Necesitarás a alguien que entienda los bienes raíces, incluyendo las leyes locales y estadales.

4) Abogado de Bienes Raíces. Hay muchos abogados por ahí, pero te conviene encontrar un abogado que se especialice en bienes raíces. Por ejemplo, si tienes un inquilino que no está pagando, necesitarás un abogado que esté familiarizado con ese tipo de procedimientos de desalojo.

5) Agente de Seguros. De nuevo, te beneficiarás de un agente que esté dispuesto a buscar las mejores políticas que encajen con tus necesidades.

6) Tasador. Un buen tasador puede no solo darte una

evaluación precisa de la propiedad, también pueden sugerir formas en las que puedes incrementar el valor de tu propiedad.

7) **Inspector.** Un buen inspector puede ahorrarte mucho dinero. Si son detallistas, pueden decirte exactamente qué reparaciones necesitan hacerse en una posible propiedad y qué tan rápido pueden hacerse esas reparaciones. Un buen inspector puede valer su peso en oro.

8) **Administrador de Propiedades.** Si posees múltiples propiedades o incluso si solo posees una y no tienes el tiempo necesario para atender las necesidades de tus inquilinos, querrás un buen administrador de propiedades. Buenos administradores a menudo pueden representar la diferencia en que tu propiedad sea rentada o vacante, rentable o no.

9) **Agente de Bienes Raíces.** Mientras continúas construyendo tu cartera, con suerte podrás establecer una relación de trabajo sólida con un agente de bienes raíces que entienda los tipos de propiedades que estás buscando. Si no tienen una buena idea de lo que estás buscando, te harán perder mucho tiempo.

10) **Persona o Equipo de Limpieza.** ¿Vas a limpiar una unidad cada vez que quede vacante? Cualquiera que lo haya hecho antes sabe que puede ser mucho trabajo. Un buen equipo de limpieza puede ser un activo valioso en tu equipo de bienes raíces.

Nuevamente, es importante resaltar que debes armar un equipo que puedas usar continuamente para tus propiedades de renta de bienes inmuebles. Haciendo eso, será importante que les comuniques a estos miembros exactamente cuáles son tus deseos y qué estás buscando. Si puedes hacer eso, se convertirán en activos para ti y no tendrás que comenzar desde el principio cada vez que tengas necesidad de sus servicios correspondientes. Como con cualquier equipo, si uno de los miembros no está cumpliendo con tus expectativas, será mejor que encuentres a alguien más para ocupar su posición. Tu éxito como inversor en bienes inmuebles estará en manos del equipo de bienes inmuebles que construyas.

Capítulo 6 – La Propiedad en Renta para Opacar a Todas las Demás

Entonces, eres el dueño orgulloso de tu primera propiedad para renta. Como era de esperarse, va a necesitar algo de trabajo antes de ser rentable y necesitarás hacer un plan para poner la propiedad lista para ser alquilada. En este capítulo, te daremos un plan paso a paso en cómo rehabilitar una propiedad y tenerla lista para la renta. También te diremos algunas mejoras simples que puedes hacer para mejorar instantáneamente el valor o la comerciabilidad de la propiedad.

10 Pasos para Rehabilitar Tu Propiedad de Renta

Si vas a rehabilitar tu nueva propiedad de renta, necesitarás crear un plan práctico y una agenda para lo que vayas a hacer y cuándo lo vayas a hacer. Los propietarios que no se organizan y en cambio "van con la corriente" se están preparando para problemas mayores en este proceso. También, cuando te embarques en el proceso de rehabilitación para tu propiedad, debes recordar que debes mantenerte flexible a veces. La ley de Murphy dice que, si las cosas pueden salir mal, saldrán mal, y no debes sorprenderte si tienes algún hipo o golpeas algunos inconvenientes durante el proceso. Pero con suerte, creando un plan detallado y práctico antes de que comience el proceso, serás capaz de minimizar cualquier problema potencial. Aquí hay algunos pasos que puedes tomar en el proceso de rehabilitación:

1) **Evalúa Cada Área de la Propiedad.** Con suerte, habrás hecho una evaluación preliminar antes de comprar la propiedad. Necesitarás revisar cada área de la propiedad y determinar qué necesita hacerse para a) hacer la propiedad habitable y b) Hacerla más atractiva para posibles inquilinos. Esto incluye una evaluación cuarto

por cuarto del interior de la propiedad y también una evaluación del exterior de la propiedad. Si compraste una vivienda con un garaje aparte, tu evaluación debe incluir al garaje. Tu evaluación también debe incluir una revisión del paisajismo y de la apariencia general de la propiedad. Evaluando a propiedad, podría servirte tener un par de ojos adicional involucrado en el proceso. (No siempre tiene que ser un experto el que determine lo que le gusta y no le gusta de una propiedad. No dudes buscar servicios de familia y amigos para este proceso). Mientras listas las mejoras que deben hacerse a la propiedad, debes categorizar esas mejoras como obligatorias o posibles, o cualquier otro título de categorías similares que funcionen para ti. Es importante que priorices las mejoras que quieres hacer, porque puede que tengas tiempo o presupuesto limitado para estas mejoras y necesitarás decidir qué cambios pueden ser dejados de lado y cuáles tienen que ser hechos antes de rentar la propiedad.

2)   Asegúrate de tener los fondos disponibles para hacer los cambios que quieres hacer. Con suerte, hiciste esto antes de comprar la propiedad, pero antes de que comiences a hacer renovaciones, necesitas asegurarte de que tienes los fondos para hacerlas y luego de que tengas estimados de los diferentes proyectos involucrados en rehabilitar la propiedad, establecerás un presupuesto para determinar cuánto estás dispuesto a gastar para hacer los cambios necesarios. De nuevo, ya debes tener una idea de cuánto te costarán esos cambios antes de comprar la propiedad. Luego, después de que compres la propiedad, puedes afinar cualquier estimado de costos y determinar dónde tienes que cortar gastos en el proceso de rehabilitación.

3)   Ve de Compras. Especialmente para novatos, tendrás que pasar algo de tiempo de compras de contratistas y materiales. Aunque nadie nunca sugeriría que compraras lo más barato posible, especialmente cuando se trata de materiales, probablemente te sorprenderás mucho por cuánto varían los costos de materiales y mano de obra. Puede que seas capaz de ahorrar miles de dólares haciendo un buen trabajo comprando tanto contratistas como materiales.

4) Haz una lista de contratistas y proveedores de servicios por adelantado. Como mencionamos antes, está bien buscar contratistas y proveedores de servicios, especialmente con tu primera compra de propiedad de alquiler. Querrás determinar el precio y también asegurarte de encontrar personas con las que te sientas cómodo trabajando. Al mismo tiempo, no te hará daño entrevistar a múltiples contratistas; en caso de que tengas problema con uno, puedes moverte al siguiente contratista de la lista si es necesario. Y, lo más importante, no esperes hasta el último minuto para agendar contratistas como plomeros, electricistas, pintores, paisajistas. Debes recordar que estas personas están ocupadas trabajando en otros proyectos y no puedes esperar que dejen todo lo que están haciendo para trabajar en tu proyecto. Un contratista exitoso a menudo tiene una agenda ocupada que está llena por semanas o meses por adelantado. Mantén esto en mente cuando estés armando tu agenda de rehabilitación.

5) Establece un calendario realista. Mientras planeas tu proyecto de rehabilitación, necesitas desarrollar un calendario que contenga fechas para todas las tareas mayores. Probablemente comiences por hacer que los contratistas visiten la propiedad para cotizar su proyecto. Al mismo tiempo les mostrarás lo que necesitan hacer, debes preguntarles por su disponibilidad para el proyecto. ¿Cuándo pueden comenzar? ¿Cuándo terminarían? Esta información te ayudará a establecer tu calendario. Y una advertencia para cuando estés estableciendo tu agenda. Trata de no tener muchas cosas en la propiedad al mismo tiempo. Si tienes al plomero, al electricista, los instaladores de gabinetes y al pintor allí al mismo tiempo, probablemente se estorben los unos a los otros y puedes experimentar retrasos, o incluso posibles daños.

6) Lleva registro de los gastos. Debes registrar tus gastos durante el proceso para asegurarte de que estás dentro del presupuesto.

Los secretos del house flipping

No hay nada peor que ir por la mitad de un proyecto y darte cuenta de que gastaste de más y de que tendrás un retraso en el proyecto hasta que consigas más dinero. Puedes usar una hoja de datos de Excel o Quickbooks para registrar tus gastos durante el proceso. En el lado positivo, puedes descubrir que estás bajo tu presupuesto y esto puede permitirte añadir algunas de las campanas y silbatos que habías eliminado anteriormente cuando hiciste tu presupuesto.

7) **Está presente.** Con un proyecto de rehabilitación como este, es importante que alguien esté allí para supervisar mientras se está haciendo el trabajo. Si no tienes tiempo para eso, debes contratar los servicios de alguien que lo pueda hacer por ti. Hemos escuchado historias de gabinetes en los cuartos incorrectos, cerámicas removidas de los baños incorrectos, etc. Sí, incluso tuvimos un techador que por error removió la mitad de las tejas de la casa de un vecino. Estas cosas pasan a menudo. Entonces, te conviene tener alguien allí para supervisar o responder preguntas mientras el trabajo está en marcha.

8) **Ten un plan B.** ¿Qué pasa si uno de tus contratistas se atrasa en otro proyecto? ¿Qué pasa si llueve torrencialmente cuando se supone que el paisajista va a plantar los nuevos arbustos o cuando el pintor de exteriores debe pintar la parte de afuera de la casa? ¿Qué sucede si uno de tus contratistas es un total fracaso y tienes que buscar a otro contratista que haga el trabajo que se supone que harían? Aunque nunca se puede planear para esos inconvenientes, debes saber que esas cosas pueden y van a pasar. Y cuando lo hagan, tendrás que ser flexible y tendrás que moverte al plan B, algunas veces con urgencia. (Si no tienes un plan B, tendrás que inventar uno). Esto nunca es la parte fácil o divertida del proceso, pero cómo lo manejes puede determinar se serás bueno siendo un propietario de bienes raíces para alquiler. Los propietarios de arriendos más exitosos son solucionadores de problemas, y muchos se enorgullecen de su habilidad de adaptarse cuando los problemas llegan.

9) **Asegura tus materiales.** Mantén tus materiales en un sitio seguro. Mantenlos fuera del camino de los trabajadores para que no

impacten la forma en la que el trabajo está siendo hecho o que no sean un peligro para los trabajadores. Mantén los materiales en un sitio seguro para que no se dañen por la lluvia o la nieve y para que no sean robados.

10) **Determina una secuencia.** Cuando establezcas una agenda para los proyectos de rehabilitación en tu nueva propiedad para renta, es importante que determines una secuencia práctica en la que los proyectos deben ser hechos y en la que los materiales deben ser instalados. Mucho de esto es simple sentido común. Por ejemplo, no instales nuevas alfombras hasta que las paredes estén pintadas, los nuevos dispositivos instalados y los trabajadores hayan terminado de trazar a través de la casa. No instales nuevos gabinetes de cocina o baños hasta que la pintura en esos cuartos esté completada. Haz que los electricistas y los plomeros hagan su trabajo temprano en el proceso, a menos de que haya una razón por la que deban hacerlo luego.

Las Rehabilitaciones Más Importantes para Todas las Propiedades de Alquiler

Cuando rehabilites tu propiedad de renta hay algunas cosas que deben ser absolutamente inspeccionadas antes de que alquiles a un inquilino. Algunas de las cosas son ignoradas frecuentemente; otras pueden tener un impacto mayor en tu relación con el inquilino y un impacto mayor en tu inversión.

1) **El Techo.** Hemos visto situaciones de personas que compraron propiedades de renta sin siquiera inspeccionar el techo. Eso es un gran error. El techo es un componente estructural esencial en cualquier edificio y debes asegurarte de inspeccionarlo, idealmente antes de comprar la propiedad. Si tienes que añadir un nuevo techo a tu propiedad de alquiler, no será un gasto de dinero insignificante. Debes saber la condición de tu techo, para que puedas planear acorde

a eso cualquier reparación que deba hacerse. Un techo defectuoso no puede ser ignorado y estarías arriesgando el valor de tu inversión si no te aseguras de que el techo esté en buenas condiciones.

2) **Alfombrado, Pintura.** Cosas relativamente económicas que son normalmente incluidas en cualquier proyecto de rehabilitación. Si tienes un alfombrado o una pintura desaliñada, es probable que impacte tu habilidad de rentar la propiedad, ya que es una de las primeras cosas que los posibles inquilinos ven.

3) **Ventanas.** Como los techos, no es una proposición económica. Desde un punto de vista de inversión, querrás asegurarte de que tu propiedad tenga ventanas actualizadas ya que aumenta su valor. También, desde el punto de vista de los inquilinos, un buen juego de ventanas puede ayudar substancialmente con el aislamiento de la casa y reduce los costos de calefacción y aire acondicionado.

4) **Electricidad.** Paneles de 200 amp son recomendados, ya que no son mucho más costosos que los de 100 amp.

5) **Calefacción/Aire Acondicionado/Ventilación.** Es una buena idea inspeccionar estos al menos una vez al año, incluso cuando la propiedad está ocupada. Los sistemas de calefacción y aire acondicionado no son baratos y quieres asegurarte de que se mantengan en buenas condiciones. No puedes esperar que tus inquilinos se ocupen de eso. Hemos escuchado historias de propiedades que se han incendiado porque la ventilación de la secadora estaba tapada. El mantenimiento de rutina puede prevenir fácilmente problemas mayores.

6) **Calentador.** En la misma nota, necesitas estar pendiente del calentador en tu propiedad. Un calentador promedio dura entre 10 y 15 años y, como puedes esperar, son algo costosos. Estarás bien servido si conoces en qué condición está tu calentador y cuando podrías necesitar otro, así puedes planear por adelantado. También debes asegurarte que tú o tus inquilinos están cambiando los filtros de tu calentador regularmente, ya que los filtros tapados pueden causar serios daños.

7) **Sistema de Alcantarillado/plomería.** Asegúrate de revisar el sistema de alcantarillado de tu propiedad. Un desbordamiento del alcantarillado puede causar serios daños. Debes revisar las tuberías al comienzo de cualquier proyecto de rehabilitación. Y luego revisarlas regularmente, dependiendo de qué tan probable es que se tapen. Por ejemplo, alguien que posee una vivienda con muchos árboles, puede encontrar raíces que tapan las tuberías de alcantarillado regularmente. Si sabes esto, puedes agendar mantenimientos de rutina regularmente para prevenir cualquier problema mayor. A la vez que revisas el sistema de alcantarillado, probablemente es una buena idea revisar todos los drenajes y el triturador de basura. Si puedes asegurarte de que estas cosas están despejadas antes de que tu inquilino se mude, puedes ser capaz de eliminar las llamadas en medio de la noche informándote de esos problemas.

8) **Calentador de agua.** Los calentadores de agua son bastante económicos. Normalmente duran entre 8 y 12 años, dependiendo de qué tan fuerte es el agua en tu área y de qué tan bueno es el calentador. Si tu calentador de agua se está acercando a esta edad, probablemente es una buena idea comenzar a pensar en uno nuevo.

Mejoras para Aumentar Instantáneamente el Valor de tu Propiedad

En la sección anterior, nos enfocamos en elementos funcionales y estructurales que son altamente recomendados para cualquier proyecto de rehabilitación de una propiedad para renta. Ahora veamos algunas de las cosas "más divertidas", cosas que puedes hacer para aumentar el valor cosmético, el atractivo visual, y el valor final de tu propiedad. Notarás que muchas de estas mejoras cosméticas no son renovaciones mayores o proyectos costosos. Con muchas de estas recomendaciones, encontrarás que puedes aumentar el valor o el atractivo de tu propiedad sin romper el banco.

1) **Mejora del Baño.** Sin importar lo pequeño que sea, el baño es considerado uno de los puntos focales de cualquier casa. Las actualizaciones de baños, incluyendo nueva cerámica, enmasillado, reemplazar o esmaltar bañeras o duchas, o un nuevo tocador con luces modernas, son todas cosas que puedes hacer para actualizar tus baños. La investigación muestra que las actualizaciones de baños pueden añadir más valor a una propiedad residencial que cualquier otro cuarto. La recompensa por actualizaciones de baños es más del doble del monto invertido en ellas.

2) **Rediseño de paisaje.** Otro proyecto atractivo a la vista que puede añadir valor substancial e inmediato a una propiedad. Cosas como podar arbustos y árboles, desmalezar, y añadir nuevas plantas o arbustos, puede fácilmente añadir al valor y al atractivo de una propiedad.

3) **Remodelación menor de la cocina.** No tienes que gastar una fortuna para aumentar el atractivo visual de tu cocina. Cosas simples como nuevos dispositivos, nuevas encimeras y nuevas fachadas de gabinetes pueden incrementar fácilmente el atractivo de tu cocina. Nueva cerámica para el suelo y nuevo papel tapiz también son cosas que pueden hacerse económicamente para mejorar tu cocina.

4) **Mejoras de exterior.** Aparte de algunas mejoras en el paisajismo, puedes aumentar el atractivo de tu vivienda con un nuevo trabajo de pintura, nuevo recubrimiento, o una nueva puerta principal.

5) **Conversión a Dormitorio.** ¿Hay algún cuarto marginal y no esencial en la casa que puedas convertir en otro dormitorio? Incluso si es uno pequeño, ese dormitorio extra puede añadir substancialmente al valor de una vivienda.

Todas las renovaciones antes mencionadas pueden añadir substancialmente al atractivo visual de tu casa, haciéndola más fácil de alquilar. Como la mayoría de las viviendas son vistas en línea antes de que un inquilino potencial siquiera pregunte por ellas, el atractivo visual es más importante que nunca. Si no tienes una propiedad atractiva, será difícil siquiera tener arrendatarios potenciales que la visiten. Y desde un punto de vista a largo plazo, estas mejoras cosméticas pueden también añadir valor financiero a tu vivienda. Para cada cinco renovaciones antes mencionadas, el menor retorno esperado de las inversiones está en el percentil 90. Esto significa que cuál sea tu inversión en cualquiera de estas áreas, deberás ser capaz de casi doblar tu inversión mientras agrega valor a tu propiedad.

Capítulo 7 – Administrando tu Propiedad de Alquiler

Ok, ya terminaste de rehabilitar tu propiedad de alquiler. Ahora es momento de rentarla. Algunos dueños de propiedades comenten el error de pensar que la mayor parte de su trabajo está hecho y que la mayoría de sus problemas se acabaron una vez que terminan de preparar la propiedad para la renta. Eso puede ser una suposición drásticamente incorrecta. Si no estás rentando a las personas correctas, tus problemas podrían solo estar comenzando y podrías estar comprometiendo todo el tiempo y dinero que has gastado en la propiedad. Tener buenos inquilinos en tus propiedades es extremadamente importante. Una vez que la propiedad esté lista, tu habilidad de obtener buenos inquilinos puede ser la clave para determinar si tu propiedad es rentable o no. Con esto en mente, tenemos algunas recomendaciones sólidas de qué puedes hacer para minimizar los problemas de inquilinos.

Encontrando Buenos Inquilinos para tu Alquiler

1) **No Discrimines.** Antes de comenzar con lo básico que debes hacer para encontrar buenos inquilinos, debemos advertirte de que no debes discriminar. Hay leyes federales que prohíben discriminación y debes adherirte a esas regulaciones cuando rentes tu propiedad. Hemos leído numerosas historias de arrendadores que han sido demandados por prácticas discriminatorias y no quieres ser una de esas personas. Los montos para arreglar esas demandas a veces son más altos que el valor de la propiedad, entonces con seguridad te imploramos que no discrimines al alquilar tus propiedades.

El Acta de Vivienda Justa prohíbe la discriminación en las siguientes áreas:

--Raza o color

--Religión

--Nacionalidad

--Sexo

--Estatus Familiar (No puedes discriminar a familias con niños).

--Discapacidad

2) **Crea una aplicación detallada para rentar.** Arrendar una propiedad es un negocio serio y no debes dudar en usar una aplicación detallada para rentar que te ayude a recolectar la información que necesitarás para determinar si le alquilarás al aplicante o no. Incluidos en la aplicación deben estar los siguientes elementos:

a) Referencias Personales. Pide dos o tres referencias personales, preferiblemente de no familiares. Luego debes asegurarte de revisar esas referencias antes de rentarle al aplicante. Cuando estés hablando con las referencias, sugerimos que una de las preguntas que hagas sea si el inquilino les ha dicho por qué se está mudando y asegúrate que concuerde con lo que él te está diciendo.

b) Historial de Empleo. Esta información puede decirte algo acerca de qué tan estable es un aplicante. Si han cambiado mucho de trabajos o hay períodos inusuales sin empleos, esto puede ser un indicador de que no serán inquilinos estables. Y con el historial de empleo, probablemente podrás revisar si el historial listado en la aplicación es correcto. No es muy inusual que las personas inventen información y la aplicación para rentar.

c) Historial de rentas anteriores. Es posible que tu aplicante no tenga un historial de renta (por ejemplo, recién graduados de la universidad, pareja retirada que vendieron su casa, etc.). Sin embargo, si hay un historial listado, harías bien en contactar a los arrendadores anteriores. En vez de solo confirmar la residencia, debes hacer otras preguntas que pueden ayudarte a determinar si el aplicante será un buen inquilino. Esas preguntas pueden incluir: ¿Pagaban su renta a tiempo? ¿Eran limpios? ¿Eran respetuosos hacia vecinos y trabajadores? ¿Dejaron la unidad en buenas condiciones cuando se fueron? ¿Dieron el aviso requerido antes de mudarse? ¿Algún vecino se quejó de ellos? ¿Requirieron alguna cantidad inusual de atención como inquilino? ¿Les rentarías de nuevo?

d) Revisión de Créditos. Haz una revisión de crédito de tu inquilino potencial y tómalo en serio. Algunos propietarios establecen un límite de puntaje de crédito para rentar a inquilinos. Un puntaje de crédito requerido de 650 es lo usual. Si el candidato parece decente pero el puntaje de crédito no es lo que tú quieres que sea, debes preguntar si hay alguna razón para el bajo puntaje. La revisión de crédito también te dirá cuánta deuda tiene el aplicante (ve el radio entre el ingreso y la deuda), si ha sido desalojado de una propiedad previa y si tiene algún juicio en su contra.

e) Verificación de ingreso. No es inusual para los aplicantes mentir sobre su ingreso actual, por lo que te conviene tomarte el tiempo para revisar su ingreso. Contacta su empleador actual y verifica el ingreso, la duración del contrato, la posición de la empresa y el récord de asistencia. Como regla de dedo, quieres encontrar un inquilino que tenga un ingreso mensual de tres veces la renta propuesta. Hay excepciones para esto, por supuesto, como parejas retiradas que tienen ingresos limitados, pero tienen ahorros que pueden fácilmente cubrir los montos de renta.

Cuando decimos que idealmente un inquilino debería tener un ingreso de tres veces el monto de la renta, también debemos regresar a la revisión/puntaje de crédito, donde debes colocar una nota para revisar el radio de ingreso-deuda del aplicante. Por ejemplo, puedes tener un aplicante con un ingreso de $3000 al mes; otro que tiene un ingreso de $2500 al mes. Puedes pensar que el que gana más es siempre el mejor candidato, pero ese no siempre es el caso. Quizás el que gana más debe hacer pagos de deuda de $1500 al mes en total, mientras que el que gana menos no tiene ninguna deuda excepto por un pago nominal de un carro. En este caso, el candidato que gana menos puede ser el mejor, al menos dese un punto de vista financiero.

f) Revisión de antecedentes criminales. El historial de crímenes es una de las cosas en las que más mienten en aplicaciones para trabajos y alquileres. Por esto, recomendamos altamente que hagas una revisión de antecedentes criminales en cualquier inquilino potencial que te interese. Hacer una revisión de antecedentes criminales por ti mismo puede quitarte mucho tiempo, por lo que podrías usar una compañía que haga esto por ti.

Usa la información que recolectes para evaluar la veracidad del inquilino. Obviamente debes estar más preocupado por un inquilino que tenga cargos de tráfico de droga o de asalto sexual que de alguien que tiene muchas multas por velocidad. También, pon atención a cuándo los crímenes fueron cometidos. ¿Es un hombre de 50 años que tiene algunos cargos por conducir ebrio cuando tenía 20 y no ha hecho nada desde entonces? ¿O ha tenido más ofensas recientemente? Esta información puede hacer la diferencia en si tu posible inquilino es un buen candidato o no.

Otro par de notas rápidas respecto a las revisiones de antecedentes criminales: si contratas a una empresa de investigación de inquilinos para que hagan la revisión de antecedentes por ti, la mayoría de estas compañías harán una revisión federal y estatal, una revisión en el país, una búsqueda en el Departamento de Correccionales, y una búsqueda en la base de datos de asaltos sexuales. Aunque esta es información pública, puede ser difícil y quitar mucho tiempo si no lo has hecho antes; el costo de usar una compañía de investigación de inquilinos es nominal.

(No hay una base de datos criminal de todo el país, por lo que la revisión de antecedentes no es tan detallada o tan simple como puedes pensar). También, debemos mencionar, que algunos estados, incluyendo California, prohíben a los propietarios que discriminen a inquilinos potenciales que han cometido ciertos tipos de crímenes. Esto significa que debes familiarizarte con las leyes locales antes de que rechaces a un inquilino por su historial criminal. Habiendo dicho eso, algunos antecedentes criminales, incluyendo asalto doméstico, tráfico de drogas o de personas, venta de drogas, etc., son actividades que deben prender inmediatamente alertas en los propietarios.

g) Cara a cara; instinto. Cuando muestras una propiedad a tus inquilinos potenciales, debes hacer un esfuerzo para conocerlos. Con suerte, puedes usar tu reunión con ellos para comenzar a establecer una relación y quizás obtener un presentimiento de si serán o no buenos inquilinos. No dudes en hacerles preguntas que te ayuden a determinar si son buenos candidatos. Cualquier pregunta obviamente debe ser apropiada y no muy personal (no los estás interrogando), pero puedes ser capaz de obtener algo de información que puede ser de ayuda a la hora de evaluar al candidato. Aquí hay algunas de las preguntas que puedes hacerle a un aplicante: ¿Por qué estás buscando mudarte? ¿Dónde vives ahora? ¿Has rentado alguna vez? ¿Has tenido algún problema con un propietario? ¿Si eres aceptado para rentar la propiedad, tienes alguna idea de por cuanto tiempo la rentarás? ¿En qué trabajas? ¿Fumas o tienes mascotas? ¿Piensas que serás un buen inquilino?

Notarás que algunas de estas preguntas son las mismas que están en la planilla de aplicación. Eso está bien. Te sorprenderá darte cuenta que algunas veces las respuestas que encuentras en una planilla de aplicación no concuerdan con las respuestas a las mismas preguntas en reuniones cara a cara. Si es así, eso puede indicar algunas alertas.

También, comenzando a establecer una relación con un posible inquilino, encontrarás más sencillo contactarlos de nuevo si tienes alguna pregunta respecto a su revisión de créditos, revisión de referencias, revisión de antecedentes, etc. Serás capaz de determinar qué tan comunicativos serán, por ejemplo, si les preguntas por qué su puntaje de crédito es "dudoso". Quizás hay una explicación lógica para su puntaje de crédito. Si todo parece encajar, excepto quizás una cosa, no dudes en pedirle una explicación al aplicante…a menos que tengas muchos otros aplicantes legítimos para la misma propiedad. De cualquier forma, el punto es que debes usar interacciones cara a cara con el posible inquilino para tener un presentimiento de si serán buenos. El instinto no es más importante que los hechos que verifiques sobre tus aplicantes, sin embargo, es válido y puede hacer una diferencia en escoger un candidato sobre otro.

Y antes de dejar este tema, debemos mencionar lo importante que es mantener los buenos inquilinos una vez que los consigues. Puedes hacer eso respondiendo a cualquier petición o pregunta de los inquilinos y también estableciendo una línea abierta de comunicación con ellos. Hazles saber que estás allí para ayudarlos con sus necesidades y no te hará daño preguntarles ocasionalmente si están satisfechos con la renta o si tienen alguna crítica con respecto a la propiedad. Si no lo sabes aún…te darás cuenta pronto…los buenos inquilinos te pueden hacer la vida mucho más sencilla y pueden hacer la diferencia entre una propiedad rentable o no rentable.

Te animamos a tratar a tus inquilinos tal como tratarías a un cliente valioso en otros negocios. Conocemos a propietarios exitosos que envían tarjetas de cumpleaños, de fiestas, y de agradecimiento a los inquilinos. También conocemos a propietarios que tienen "entrevistas de salida" con los inquilinos que están dejando la propiedad. Haciendo eso, buscan por críticas sobre la propiedad. Los comentarios hechos pueden ser de ayuda para el propietario en el futuro. De cualquier forma, siempre debes recordar que mientras mejor sea la relación que desarrolles con tu inquilino, más probable es que continúen rentándote. Como bien sabes, cada vez que tengas que terminar un arriendo, tendrás que pasar tiempo encontrando un nuevo inquilino y quizás también tengas algún tiempo vacante en el cual la propiedad está vaciando tu cuenta bancaria en vez de añadir a esta.

Estrategias para Administrar Propiedades de Renta

Probablemente no te sorprenderá cuando señalemos que, si no administras una propiedad correctamente, esa propiedad puede convertirse en una pesadilla. En vez de ser el centro de ganancias que esperas que sea, puede convertirse en un pozo de dinero gigante y dejarte preguntándote por qué decidiste involucrarte en bienes raíces para la renta. Afortunadamente, hay un número de diferentes formas en las que puedes administrar una propiedad exitosamente. Algunos dueños de propiedades para alquiler son exitosos solo con un enfoque de estar involucrados. Otros dueños son exitosos dejando todo en manos de terceros. Y otros son exitosos con una mezcla de terceros y de estar involucrados.

Antes de adentrarte en estas estrategias diferentes, es importante explicar las tres distintas áreas de administración de una propiedad. Necesitarás enfocarte en estas tres áreas si quieres lograr el potencial máximo de ganancia con tus propiedades de alquiler.

1) **Administrar inquilinos.** Como dueño de propiedades de renta, tú, o quien sea que contrates para hacerlo, será responsable del manejo de inquilinos. Las tareas de administración de inquilinos incluyen arrendar la propiedad (y determinar la viabilidad de inquilinos), recolectar la renta, y desarrollar/implementar/actualizar los acuerdos de arriendo. También involucra manejar las peticiones de los inquilinos (reparaciones o información) rápidamente, coordinar las fechas de mudanzas desde y hacia la propiedad y, desafortunadamente, algunas veces, desalojos

2) **Administrar el mantenimiento e inspecciones de la**

propiedad. Como propietario también serás responsable del mantenimiento y actualización de la propiedad. Con propiedades comerciales o de múltiples unidades, esto puede incluir las responsabilidades de arreglar el mantenimiento de las áreas comunes (podar el césped, paisajismo, servicios de limpieza (incluyendo baños), recolección de basura, remoción de nieve, calefacción y agua, goteras en el techo, etc. Obviamente las propiedades residenciales incluyen menos responsabilidades. En algunos acuerdos de renta residenciales, los inquilinos pueden ser responsables de su propia remoción de nieve, de quitar la maleza, recolección de basura, etc. Desafortunadamente, con el mantenimiento, normalmente no serás capaz de planificar por adelantado. Los problemas probablemente saldrán en los momentos menos esperados, y tendrás que asegurarte que tú o quien sea que contrates para manejar estas tareas, esté disponible de inmediato. También, debes saber que tendrás que coordinar inspecciones de tu propiedad. Los inspectores locales pueden inspeccionar tu propiedad para asegurarse de que cumple con todos los códigos de salud y seguridad, incluyendo los códigos de incendios. Las compañías de seguros e hipotecas pueden inspeccionar la propiedad para asegurarse de que corresponda con los montos que están prestando o por lo que están asegurando.

3) **Administración de finanzas.** Como dueño de una propiedad para renta, es importante que mantengas un manejo constante de cuánto dinero está entrando y cuánto está saliendo. Como dijimos antes, ser un dueño de propiedades para renta no es un hobby, y quieres asegurarte de que tus propiedades son lo más rentables posible. Las responsabilidades financieras de propiedades para la renta incluyen recolectar la renta de los inquilinos y luego hacer los pagos a las varias partes involucradas, incluyendo pagos de hipoteca, de seguro e impuestos. También puede incluir hacer pagos de servicios y el pago de otras tasas.

Como propietario, tendrás que prestar atención a estas tres áreas. Aunque es natural para una persona inclinarse hacia las tareas que disfrutan haciendo y alejarse de aquellas que no disfrutan, tendrás que asegurarte de que no estás ignorando ninguna de estas áreas de responsabilidades. Si descuidas cualquiera de estas áreas, es probable que pagues las consecuencias y que tu descuido impacte con seguridad la rentabilidad de tu propiedad. Habiendo dicho eso, algunos propietarios les dejarán a terceros cualquiera de las responsabilidades que no tengan interés de cumplir, ya que están conscientes de que tienden a descuidar esas áreas. Ahora que hemos mencionado las diferentes responsabilidades de poseer una propiedad, es momento de ver tres estrategias diferentes para usar en la administración de propiedades.

La Estrategia de Estar Involucrado/Hacerlo Tú Mismo. Si pretendes ser un propietario involucrado, tendrás que ser una persona con muchos sobreros distintos. Los propietarios optan por la estrategia de estar involucrado por muchas razones, incluyendo tener control total, la habilidad de mantener los costos al mínimo y la habilidad de identificar y resolver problemas inmediatamente. Esto es mucho más fácil para una unidad individual o una propiedad ocupada por el dueño; es mucho más difícil para propiedades comerciales o grandes propiedades con múltiples unidades.

La desventaja de un enfoque de estar involucrado es que puedes intentar hacer cosas de las que realmente no sabes mucho. Por ejemplo, un dueño de propiedades para la renta que quiere hacer todo lo involucrado, debe ser un contador experto, un experto legal, un experto en mantenimiento (techador, electricista, plomero). Es probable que aún le dejes a terceros algunas de las responsabilidades involucradas en ser un dueño de propiedades, y no debes sentirte mal por eso. Es normal. Siendo un dueño involucrado, probablemente tendrás que estar disponible 24/7/365 y, como mencionamos antes, no serás capaz de controlar cuándo se presenta el problema. Algunas personas piensan que esto es abrumador y es por eso que muchos dueños terminan dando a terceros algunas tareas y responsabilidades. Otros dueños descubren que su tiempo puede ser más valioso gastado haciendo otras cosas y delegan ciertas tareas. Como un ejemplo, quizás decides redactar tu propio acuerdo de arriendo sin la asistencia o experticia de un abogado de bienes inmuebles. Puedes encontrar ejemplos en internet y luego redactar tu propio acuerdo. Pero también tendrás que asegurarte de familiarizarte con las leyes y regulaciones locales para arriendos, que son diferentes de acuerdo al estado. Para el momento que termines de investigar los acuerdos de renta, puedes darte cuenta de que habría sido mejor contratar un abogado de bienes raíces. O quizás pasaste por alto alguna ley local en tu acuerdo y te das cuenta luego de que esta omisión ha dejado un vacío costoso en el acuerdo. El punto es que tienes que decidir qué tareas eres capaz de hacer y cuáles tareas estás dispuesto a tomarte tiempo para hacerlas. En algunas ocasiones, necesitarás delegar algunas de esas responsabilidades.

Como puedes ver por la descripción anterior, un enfoque de administración de estar involucrado es más factible para un arrendador que posee un número pequeño de propiedades, que tiene mucha experiencia administrándolas o que quiere control total en la administración de esas propiedades.

La Estrategia de Responsabilidades Mixtas. La mayoría de los propietarios, incluso esos que están en el espectro más pequeño, tienden a usar la estrategia de responsabilidades mixtas en el manejo de sus propiedades. Hemos mencionado algo de esto antes cuando describimos las posibles desventajas de tratar de hacer todo tú solo. ¿Eres un experto legal? ¿Un contador experto? ¿Un plomero? ¿Un electricista? ¿Un techador? ¿Qué sucede si caes en una batalla legal costosa porque trataste de redactar tu propio acuerdo de renta y no estabas al tanto de reglas y regulaciones locales importantes? ¿Qué sucede si pasas por alto un vacío clave en el pago de tus impuestos porque trataste de hacer tu propia contabilidad en vez de contratar a un experto? Tienes la idea…algunas veces podemos meternos en problemas al tratar de hacer y ser todo. Nos sirve más delegar responsabilidades que están fuera de nuestras áreas de experticia o interés.

Los más grandes beneficios de utilizar una estrategia de responsabilidades mixtas es que tendrás algo de tiempo libre y también estarás seguro de que estás protegiendo tus activos físicos y financieros al usar expertos. En el lado negativo, perderás algo de control y estarás dependiendo de otros, poniendo tu reputación como propietario en las manos de otros. Entonces, si estás construyendo tu cartera de alquileres y ya pasaste la etapa de tener tu primera propiedad de renta, la estrategia de responsabilidades mixtas probablemente sea la mejor para ti. El propietario promedio maneja algunas de las responsabilidades y delega otras responsabilidades a otros.

Delegar la Administración Completamente. Hay varias razones por las que los dueños de propiedades de alquiler optan por delegar todas las responsabilidades administrativas. Algunos dueños lo hacen porque poseen propiedades no locales y simplemente no es logísticamente posible para ellos ser propietarios involucrados. Algunos dueños poseen tantas propiedades que no pueden estar involucrados por completo. Y finalmente, algunos inversores tienen bienes inmuebles solo como parte de sus inversiones totales y simplemente no tienen el tiempo para involucrarse.

La mayoría de los propietarios que delegan las responsabilidades administrativas contratan administradores para sus propiedades o utilizan una compañía de administración. Los administradores o compañías de administración deben ser capaces de hacer o arreglar todas las tareas involucradas en la administración de la propiedad: asegurar e investigar a los inquilinos, planificar las reparaciones, coordinar las mudanzas desde y hacia la propiedad, recolectar la renta, cobrar rentas atrasadas, desalojos, coordinar las rutinas de mantenimiento y las actualizaciones a largo plazo. Un buen administrador o compañía de administración obviamente debe tener una buena relación de trabajo con el dueño de la propiedad. Es obvio que la mala administración de cualquier propiedad puede resultar en el declive de dicha propiedad.

La ventaja de contratar a un administrador o a una compañía de administración para tus propiedades es que estarás liberando mucho de tu tiempo. No serás el que reciba las llamadas en medio de la noche de inquilinos diciéndote que su calefacción no está funcionando. Y, si haces tu diligencia en contratar a un buen administrador o a una buena compañía de administración, sabrás que estás usando expertos en manejo de propiedades en vez de intentar usar sombreros que no son de tu talla.

Las desventajas de delegar todo incluyen costos y gastos. Especialmente si eres un dueño de propiedades para renta con poco tiempo en el negocio, tienes que estar consciente que un administrador, compañía de administración, o cualquiera de las propiedades que contratas para asistirte con las responsabilidades de tener una propiedad para renta (abogados, contadores, plomeros, electricistas) van a costar dinero. Y el dinero que les pagues tendrá una influencia en tu rentabilidad. Habiendo dicho eso, no contratar buenos administradores u otros expertos en el campo, pueden impactar la habilidad de tu propiedad de ser exitosa a largo plazo.

12 Consejos que Debes Saber de Expertos en Renta de Propiedades

Aunque hemos incluido muchos consejos a lo largo de este libro en cómo administrar tus propiedades de renta, tenemos unos consejos extra que ofrecerte o para extender:

1) **Usa fotografías profesionales para comercializar tu propiedad.** No puedes tener ningún ingreso por tu propiedad si no puedes rentarla. La importancia de buenas fotografías a menudo es subestimada en la comercialización de una propiedad. No es ningún secreto que la mayoría de los posibles inquilinos querrán ver la propiedad y la unidad antes de decidir si quieren visitarla. Para no ser descartado inmediatamente, querrás asegurarte de estar usando fotos atractivas que resaltan apropiadamente la propiedad. Cuando publiques tu propiedad en línea, muestra tantas fotos como sea posible. Muestra cada cuarto en la propiedad y también el exterior. Si tiene algunos elementos únicos, muestra fotos de cerca de esos elementos. Por otra parte, trata de no resaltar los elementos desactualizados. Haz lo posible por mostrar una propiedad limpia y ordenada. Recuerda que cuando los posibles inquilinos ven tu propiedad en línea, posiblemente la comparen con fotos de otras propiedades. Algunos propietarios contratan fotógrafos profesionales para usar en el mercadeo de sus propiedades. Cuando le hagas publicidad a tu propiedad para alquiler, quieres asegurarte de que resalte entre otras propiedades en la misma categoría de renta.

2) **Considera permitir mascotas.** Todos hemos escuchado historias de cómo una mascota puede demoler una residencia, pero de nuevo, algunas personas también destruyen sus residencias. Como la pertenencia de propiedades está disminuyendo, debes saber que una política abierta a mascotas, usualmente para perros y gatos, puede incrementar la comercialización de tu propiedad. Puedes limitar la estadía de mascotas como veas prudente (limitando el número o tamaño de las mascotas), e incluso puedes cobrar un depósito o impuesto adicional por una mascota. Obviamente, cuando dices que permites gatos en la unidad, no quieres que el inquilino tenga tigres o leones allí. Ja. Y muchos propietarios restringen a perros de tamaño mediano o pequeño. ¡Los Gran Daneses no están permitidos! Si tienes dificultades comercializando y rentando tu propiedad, esta puede ser una buena opción para considerar. Conocemos un dueño de propiedades de renta que alquila a muchas personas mayores que previamente tenían viviendas pero están reduciendo el tamaño. Él hace bien permitiendo mascotas en sus propiedades, haciéndolas disponibles para muchos más inquilinos potenciales.

3)   Instala cerraduras inteligentes en tus propiedades. Si no estás familiarizado con las cerraduras inteligentes, son dispositivos electrónicos que permiten entrada sin llave a través del uso de un teléfono inteligente. Aunque obviamente hay un costo involucrado en la instalación de entrada sin llaves, las investigaciones muestran que estos costos por lo general se pagan a sí mismos en siete meses luego del gasto. Por lo competitivo que puede ser el mercado de rentas, el dinero es tiempo cuando se trata de arrendar propiedades. Cuando un inquilino te pide ver una propiedad y no eres capaz de responder inmediatamente debido a conflictos de agenda, se moverán a la siguiente propiedad y podrías perder a ese inquilino potencial. O si te retrasas en mostrarles la propiedad, es probable que el arriendo pueda retrasarse. Los estudios muestran que las propiedades con cerraduras inteligentes se arriendan entre 3 y 7 días más rápido que las propiedades con cerraduras convencionales. Las cerraduras inteligentes no solo son más seguras y más convenientes para inquilinos, también añaden valor a la propiedad y permiten muestras automáticas en las que el propietario o administrador no tienen que estar presentes.

4)   Paisajismo/Actualización simple. El atractivo visual es extremadamente importante. Hay muchas formas económicas en las que puedes hacer tu propiedad más atractiva para inquilinos potenciales. Cuando visiten la propiedad, cualquier inquilino potencial verá el exterior de tu casa antes de ver el interior. Si ya están desanimados antes de ver el interior del lugar, podrías haber perdido tu oportunidad de rentar la propiedad. Muchos cambios de paisajismo pueden ser hechos con un presupuesto modesto. Estos cambios no solo aumentarán la comerciabilidad de la propiedad, también incrementarán su valor general. Lo mismo aplica para cualquier elemento en tu propiedad que esté notablemente desactualizado. Elementos como encimeras de granito en la cocina, fregaderos de acero inoxidable, baños bien estructurados y dispositivos actualizados pueden fácilmente incrementar la comerciabilidad de la propiedad sin costarte una fortuna.

5) **Revisión general de la renta**. Una vez que rentes la propiedad, te conviene hacer una revisión general inmediata con el nuevo inquilino. Esta revisión te permitirá identificar cualquier preocupación inmediata que tenga el inquilino. También te permitirá documentar cualquier preocupación posible. Es mejor identificarlas al comienzo del arriendo, para que cualquier cambio requerido pueda ser hecho de inmediato. También, es mejor señalar cualquier problema al principio del arriendo en vez de al final. Por ejemplo, si pasaste por alto algunas manchas en la alfombra al comienzo del arriendo (quizás el hombre que instaló el nuevo calentador de agua produjo un goteo cuando quitó el calentador viejo), esas manchas serán documentadas y fotografiadas en la revisión, entonces esto no será un punto de contención al final del arriendo cuando el reembolso del depósito salga a relucir. Estas cosas siempre deben ser documentadas, porque para el momento que llegue el final del contrato, puedes haber olvidado estos problemas hasta que el inquilino los mencione de nuevo.

6) **Actualizar cuando la propiedad está vacante**. Cuando sea posible, debes hacer tus actualizaciones entre arriendos o cuando la propiedad esté vacante. Obviamente no quieres causar inconveniencias a tus inquilinos actuales con actualizaciones, si estas pueden esperar y no son una emergencia. Debemos mencionar que es importante que te tomes un tiempo para reevaluar tu propiedad entre inquilinos y, si la unidad necesita actualización o renovación, entonces

puedes retrasar la fecha de inicio del nuevo arriendo mientras haces las renovaciones.

7) Atiende inmediatamente las preocupaciones de los inquilinos. Mencionamos esto brevemente antes, pero es importante que tú como propietario siempre atiendas las preocupaciones y peticiones de los inquilinos inmediatamente. Si un inquilino piensa que eres discipliente respecto a sus peticiones, pueden sentir que no te importa y que solo te interesa tomar su dinero al final de cada mes. Si el inquilino solicita una reparación y no puedes tener a alguien allí inmediatamente para rectificar el problema, mantén a tu cliente informado en exactamente cuándo pueden esperar que el problema sea solucionado. Nuevamente, un recordatorio, los inquilinos que sienten que su arrendador es atento a sus necesidades, son mucho más propensos a extender sus arriendos.

8) Expresa aprecio. Una relación entre el arrendador y el inquilino debe ser una vía de doble sentido y debes darle importancia a decirle a tus inquilinos cuánto los aprecias (si en verdad lo haces). Algunos arrendadores envían tarjetas de cumpleaños, de fiestas o de agradecimiento a los inquilinos. Otros propietarios envían notas escritas a mano diciéndoles a los inquilinos apropiados cuánto aprecian sus pagos de renta puntuales o cuánto aprecian que siempre mantengan la propiedad limpia y en buenas condiciones. Nuevamente, un inquilino que se siente apreciado es más propenso a extender el arriendo.

9) Solicita un seguro de arriendo. Esto es algo que a menudo es pasado por alto por los propietarios. Harás bien en solicitar a tu inquilino que tenga seguro de arriendo y pedir pruebas de ese seguro. Puedes pensar que el inquilino es el único que se puede beneficiar de su propio seguro. Bueno, tú también puedes beneficiarte. Digamos que el inquilino deja la llave de la bañera abierta y se inunda la unidad…o que dejan la estufa encendida mientras hablan por teléfono y resulta en un incendio. O, ¿qué sucede si tu inquilino destruye la unidad por completo, excediendo por mucho el depósito de seguridad que tienes para esa unidad? En estas ocasiones, serás capaz de beneficiarte del seguro de tu inquilino.

10) Mantén los depósitos de seguridad por separado. Hablando de depósitos de seguridad, por favor recuerda que cuando un inquilino hace un depósito de seguridad, ese no es tu dinero y sería sabio de tu parte mantener ese dinero separado y en garantía. Si no eres capaz de reembolsar el depósito de seguridad al final del arriendo, puedes estar sujeto a multas que pueden exceder el monto del depósito.

11) Usa un software de administración de propiedades. Un recibo perdido puede costarte una posible deducción de impuestos. Un arriendo perdido o mal ubicado puede costarte meses en procedimientos de desalojo en una corte. La tecnología puede ayudarte a administrar tu propiedad. En vez de tener notas o papeles en múltiples áreas de tu oficina, puedes tenerlos todos en un solo lugar. Puedes usar tecnología para llevar registro de tus catálogos de propiedades, de los pagos de renta, de peticiones e historial de reparaciones, arriendos firmados e investigaciones de inquilinos. Es buenos tener toda esta información en el mismo lugar. Un software de administración de propiedades puede ayudarte a hacer eso.

12) Está dispuesto a hacer concesiones y a extender los términos del arriendo a buenos inquilinos. Como mencionamos antes, encontrar buenos inquilinos puede ser una tarea difícil y agotadora. Por lo que una vez que encuentres un buen inquilino, debes trabajar duro para mantenerlo. Una propiedad vacante te costará dinero, incluso si solo está vacante por un mes. Siguiendo la misma idea, tendrás que gastar tiempo adicional en conseguir un nuevo inquilino, que podría no ser tan bueno como el anterior.

Previamente mencionamos la importancia de atender prontamente las peticiones de los inquilinos y también establecer una buena línea de comunicación con tus inquilinos. Otra forma de mantener buenos inquilinos es ofrecerles extender o hacer concesiones a su arriendo. Hemos conocido propietarios que tienen mucho éxito haciendo u ofreciendo concesiones de renovación. Ejemplos de concesiones pueden ser un mes de renta gratis con una extensión mínima de 12 meses, ningún incremento de renta si el arriendo es extendido antes de una fecha específica, o, si vives en un área del norte y el arriendo expira durante el invierno, puedes ofrecer extender el arriendo con la misma tasa por solo algunos meses. Esto le permitirá a tu inquilino dejar la vacante en un momento en el que el clima es más apropiado para mudarse y te permitirá a ti tener un mejor momento para encontrar un nuevo inquilino, cuando el mercado de rentas es más activo. Nuevamente, líneas de comunicación abiertas con un inquilino, pueden hacer tu trabajo como propietario mucho más fácil. Mantén el contacto con tus inquilinos para saber cuáles son sus intenciones cuando el arriendo expire. Esto te ayudará desde un punto de vista de planeación y también te puede ayudar a tener una idea de si tu inquilino está siquiera abierto a una extensión.

De forma similar, si las tasas de alquiler en tu mercado han estado disminuyendo y tu tasa de arriendo es ahora por encima de la del mercado, ofrecer un mes gratis de renta o incluso medio mes de renta por una extensión, puede aumentar tu oportunidad de obtenerla y puede evitar que tu inquilino busque otras propiedades.

Capítulo 8 – Precauciones

Si estás pensando comenzar en el negocio de los bienes raíces para renta, probablemente has escuchado historias de éxitos tremendos. Esas historias pueden haber amplificado tu interés en el negocio. Habiendo dicho eso, también necesitas estar consciente de los posibles inconvenientes del negocio. La naturaleza humana nos dice que los inversores no te cuentan tan fácilmente las historias de terror que cómo cuentan las historias de éxito. Cualquier negocio que tiene mucho éxito probablemente también tiene riesgos serios. Este es el caso del negocio de las rentas de bienes raíces. Nunca intentaríamos disminuir tu interés en entrar a la industria, pero queremos recordarte que entres en el negocio de bienes inmuebles con tus ojos bien abiertos, tal como lo harías con cualquier otro negocio. Aquí hay algunas razones comunes por las que los inversores en propiedades de alquiler fracasan:

1) **Subestimar el capital general de inicio.** Algunos inversores cometen el error de subestimar cuáles serán sus costos iniciales para una propiedad de alquiler. Miran el precio de venta de la propiedad y luego subestiman los costos de renovación de esa propiedad o los costos para hacerla comercializable. Por favor ten en cuenta que, aunque el precio de venta de una propiedad puede ser el gasto principal, tienes que tener suficiente dinero para hacer la propiedad comercializable. Te servirá investigar costos de renovación antes de comprar la propiedad. También harás bien en tener más de los montos que estimas para que tengas un colchón extra para los proyectos que puedes haber pasado por alto o para los costos que sean más altos que lo estimado originalmente. Siempre advertimos a los inversores en propiedades de renta de que no piensen que sus gastos se detienen con el cierre en la propiedad. Para algunos propietarios,

allí es cuando los gastos comienzan. Incluso si la propiedad que compras está en buenas condiciones, puedes tener que hacer algunas actualizaciones para llevar tu propiedad a los estándares, especialmente si vas de lo que era una propiedad ocupada por el dueño a una propiedad de alquiler. Muchos estados y municipalidades tienen diferentes regulaciones para propiedades en renta y te servirá saber cuáles son las reglas en tu estado y municipalidad. Si no sabes, puedes tener algunas sorpresas costosas.

2) Subestimar o no planear para reparaciones de emergencia/no esperadas. Esta es otra trampa que puede llevar al fracaso. El calentador que pensaste que le quedaban de tres a cinco años deja de funcionar y recibes una llamada tarde en una fría noche de tu inquilino diciéndote que no tiene calefacción. Tienes que contactar y contratar a una compañía de calefacción inmediatamente para averiguar cuál es el problema. El técnico al que contrates te dice que el calentador está dañado y que tienes que comprar uno nuevo. Los nuevos calentadores no son baratos y tienes que tener acceso a efectivo inmediato para el nuevo calentador y para la instalación. O eso, o puedes enfrentar acciones legales de parte de un inquilino descontento. Tienes la idea. Si te vas a involucrar en el negocio de las propiedades en alquiler, tendrás que tener fondos de contingencia para cubrir emergencias inesperadas y a veces substanciales.

3) Inquilinos desaparecidos/Inquilinos problema. Ok, compraste tu primera propiedad para alquiler y pasaste dos meses rehabilitándola y otro mes buscando un inquilino. La renta mensual llega a tiempo cada uno de los tres primeros meses, pero luego no recibes la renta por el cuarto mes. Te cuesta contactar al inquilino y cuando finalmente lo haces, te informa que tuvo algunas emergencias familiares y que no ha sido capaz de conseguir los fondos para la renta de este mes. Tratará de conseguir el dinero pronto, pero las cosas no se ven prometedoras ya que fue despedido de su trabajo poco después de que se mudó a la propiedad. Bueno, realmente no esperabas eso.

Ahora, rápidamente tienes que familiarizarte con el proceso de desalojo. No solamente te estará faltando el ingreso que esperabas por la renta, sino que ahora tendrás que contratar a un abogado para desalojar al inquilino. ¿Y cuánto tiempo para desalojarlo? Cada estado tiene leyes distintas sobre desalojos de inquilinos y algunas de esas leyes les permiten a los inquilinos quedarse mucho más tiempo del que son bienvenidos. Y luego tienes que perder tiempo comercializando y arrendando la propiedad de nuevo, lo que puede tomarte entre 30 y 60 días luego del desalojo. Tienes la idea. Necesitarás tener fondos de contingencia para responder por inquilinos que no cumplen. Sí, puedes reducir tus posibilidades de un inquilino desaparecido investigando apropiadamente a ese inquilino antes de arrendarle la propiedad, pero incluso así, la vida pasa y pueden presentarse inquilinos que ya no son capaces de pagar la renta. Escuchamos una historia interesante de un inversor principiante en propiedades de alquiler que decidió rentar su condominio luego de comprar una nueva vivienda. Rentó su condominio a un hombre y a su novia. El inquilino era un abogado con un buen sueldo en una firma de abogados reconocida. La novia, que no estaba en el contrato, tenía una carrera de modelo emergente. Los pagos de renta de este inquilino siempre eran puntuales hasta que se detuvieron por completo cinco meses después. Al contactar al cliente, el propietario fue informado de que el hombre y su novia tuvieron una pelea y ahora el hombre vivía con un amigo en vez de vivir en la unidad de renta. La novia, ahora aparentemente la exnovia, había continuado viviendo en la unidad luego de la pelea.

El inquilino, un abogado, dijo que ya no pretendía hacer los pagos (aunque tenía un arriendo sólido de 12 meses) y que ya no viviría allí. Si su exnovia quería quedarse con el arriendo, eso estaba bien para él. Dejado solo para defenderse contra un inquilino que era un abogado, el propietario sabía que estaba en medio de un fiasco. Hizo una inspección sorpresa de la propiedad y descubrió que la puerta del frente tenía daños extensivos, probablemente de alguien que intentó romperla en una pelea doméstica. Luego de entrar a la unidad, también descubrió que había gatos en ella, a pesar del hecho de que las mascotas no estaban permitidas en el acuerdo de arriendo. También notó daño substancial en las alfombras por lo que parecía ser tinte para el cabello.

¿Quién lo hubiese pensado? El propietario había investigado apropiadamente a su inquilino, había rentado a alguien que podía pagar fácilmente la renta mensual y a alguien que parecía ser un inquilino que cuidaría la propiedad. Sin embargo, allí estaba, teniendo que comenzar procedimientos legales contra su inquilino abogado. Cuando el propietario contactó a la novia, descubrió que estaba entre trabajos de modelaje y que no podía pagar el monto total de la renta porque su ex se negaba a ayudarla. Ofreció pagar la mitad de la renta. Esto era inaceptable para el propietario y sabía que tendría que contratar a un abogado para comenzar procedimientos legales en contra de su inquilino. Afortunadamente, la mujer aceptó mudarse al final del mes, por lo que no tuvo que desalojarla.

Sí, es una historia de terror, pero tiene un final "feliz". Justo antes de que el propietario comenzara los procedimientos legales contra su inquilino abogado desaparecido, mencionó el problema a uno de sus compañeros de racquetbol, un abogado corporativo para la compañía para la que él trabajaba. Irónicamente el abogado corporativo tenía una relación de trabajo cercana con la firma de abogados para la que trabajaba el inquilino. El abogado corporativo llamó a un socio de la firma de abogados. Ese mismo día, el abogado desaparecido envió un cheque por el monto que debía y por todos los meses restantes del arriendo. El propietario luego se enteró que el socio en la firma de abogados había leído el acta de rebelión al inquilino y le dijo que si esperaba ser socio algún día, le aconsejaba no manchar la excelente reputación de la firma. Habiendo dicho eso, el inquilino entregó un gran cheque cubriendo el resto de los meses del arriendo y también se ofreció a pagar por la puerta y la alfombra dañadas. Al final, este propietario principiante tuvo suerte. Fue pura casualidad que este problema fuera resuelto tan fácilmente. En la mayoría de los casos, el propietario se hubiera quedado "sosteniendo la bolsa", sin ver nunca los meses restantes de deuda del arriendo.

Esta historia ilustra dos posibles áreas que pueden causar que los inquilinos incumplan: no pagar y daños a la propiedad. La mayoría de ustedes han escuchados historias terribles acerca de unidades de renta que han sido dejadas en destrucción por los inquilinos. Un blog de moneycrashers.com contó la historia de un propietario que les rentó a tres estudiantes universitarios. De nuevo, por falta de pago, el arrendador hizo una inspección de la propiedad. Encontró un gran agujero en el techo separando el segundo piso de la planta baja. Un largo tubo de bomberos había sido instalado imprudentemente para permitirle a los inquilinos fácil acceso desde el piso de arriba hacia el piso de abajo. El grafiti que ahora cubría las paredes de la unidad, era la menor preocupación del propietario.

4) **Desalojos.** Si tienes la impresión de que los desalojos son sencillos, tienes otra cosa esperándote. Los desalojos pueden ser costosos y requieren tiempo. Primero, puedes notar que las cortes están llenas y tienes que esperar por una fecha en la corte. Presumiendo que ganes el caso y que la corte apruebe el aviso de desalojo, podrías tener que esperar un poco a que el sheriff o un miembro de las fuerzas legales te acompañen cuando ejecutes el desalojo. Luego puedes notar que dejaron pertenencias. La mayoría de las leyes estatales no te permiten desechar esas pertenencias por un cierto período de tiempo y podrías tener que pagar para almacenarlas. Además, no debe ser una sorpresa que algunas propiedades vacantes no siempre son dejadas en las mejores condiciones y podrías tener que gastar mucho tiempo y esfuerzo limpiando la unidad o haciendo reparación de daños. Y también está el hecho de que el desalojo de un inquilino puede tomar hasta 90 días o más en algunos estados o municipalidades que requieren muchos pasos para desalojar. Entonces, puedes ver como los desalojos pueden desanimar a los propietarios. En el negocio de propiedades de renta, el tiempo es dinero, y el tiempo y dinero que gastas desalojando a un inquilino

pueden tener un impacto significativo en tu negocio de propiedades de alquiler.

5) **Administración de finanzas.** Quien sea que esté en el negocio de propiedades de alquiler te puede decir que las finanzas de un propietario no se mantienen constantes. Puedes sentarte al principio del año y hacer proyecciones para tu propiedad o propiedades, pero te darás cuenta de que tus proyecciones mensuales pocas veces serán lo que pensaste que serían. Las cosas posiblemente estarán saliendo bien si tus unidades están rentadas, no tienes ninguna vacante, tus inquilinos están pagando a tiempo, y no son necesarias reparaciones mayores. ¿Pero qué pasa si tienes cinco unidades y dos de ellas están vacantes? ¿Estás preparado financieramente para eso? Ya sea que estés experimentando saciedad o hambre con tu negocio de renta de bienes raíces, necesitas ser disciplinado en tus finanzas. Incluso si las cosas están yendo extremadamente bien, no puedes estar seguro de cuándo tu propiedad o propiedades requerirán reparaciones mayores o estarán vacantes. Necesitas responder por esos malos tiempos, acumulando suficientes fondos de contingencia cuando los tiempos son buenos. En la sección anterior de desalojos, viste cuánto puede tomar un desalojo. Quieres asegurarte de tener fondos para "salir de la tormenta" en caso de que pase. Lo mismo sucede con las vacantes y con la dificultad de rentar una unidad; igualmente para reparaciones mayores. ¿Tienes el dinero en la mano para reemplazar un calentador si deja de funcionar? Todas estas son cosas a considerar como un propietario.

6) **Mantén tus propiedades seguras y en buenas condiciones.** Si tienes un inquilino que se lastima en tu propiedad, es probable que seas demandado. Incluso si tu seguro de propietario cubre tu responsabilidad, probablemente tendrás que contratar a un abogado que te represente. Incluso con las políticas de propietario, se espera de ti que mantengas tu propiedad segura y en funcionamiento. Como un propietario, te conviene saber cuáles son los códigos de

seguridad locales y luego seguir esos códigos. Hemos escuchado historias de propietarios que han sido demandados por grandes cantidades de dinero porque no estaban siguiendo los códigos locales de seguridad, porque no los sabían o porque los ignoraron.

7) **Impuestos.** No pases por alto los impuestos sobre propiedades. Asegúrate de entender el impacto que los impuestos pueden tener en tu propiedad y planea y ahorra de forma acorde. No debe ser sorpresa para nadie el descubrir que los impuestos sobre la propiedad pueden tener un impacto mayor sobre tu negocio. Sabiendo estos números por adelantado, deberías ser capaz de incorporarlos en las tasas de renta para tus inquilinos.

Las historias anteriores sobre precauciones no están para nada dispuestas para asustarte en la compra de propiedades para renta. Comprar y poseer propiedades de alquiler puede ser un negocio muy lucrativo…si se hace correctamente. No todo es diversión y juegos y nunca debe ser considerado un hobby. Es un negocio serio y no es para todos. Pero si estás dispuesto a hacer tu tarea y a trabajar diligentemente para convertirte en un buen arrendador, tendrás la oportunidad de hacer dinero en el negocio de las propiedades de alquiler.

Buenas razones para dejar ir una propiedad de alquiler.

Muchos inversores en propiedades de renta se preguntan sobre cuándo es un buen momento para vender la propiedad que poseen. Hay un número de situaciones que conducen a vender tu propiedad:

1) **Puedes obtener más de lo que pagaste por ella.** Tu estrategia de inversión tendrá un impacto en la decisión de vender una propiedad que se ha apreciado. Si la propiedad se ha apreciado en valor y te está trayendo ganancias con el alquiler, tendrás que decidir si quieres venderla en algún momento. Algunos inversores quieren vender la propiedad y cobrar sus fichas mientras pueden; otros

prefieren el ingreso mensual que obtienen por la propiedad y escogerán aferrarse a la propiedad. Debemos resaltar que se vendes una propiedad apreciada, sabrás exactamente lo que obtendrás de esa propiedad. Si la mantienes, no sabrás si se apreciará o depreciará en valor; tampoco sabes si se mantendrá tan estable como un centro de ganancias por alquiler, dependiendo del área en la que esté y del inventario de propiedades en renta en esa área.

2) **Flujo de dinero negativo.** Kenny Rogers tenía una canción que decía: "Debes saber cuándo mantenerlos, saber cuándo guardarlos, saber cuándo alejarte, saber cuándo correr". Aunque esas líneas de su canción no están hechas para describir propiedades en renta, con seguridad aplican a ellas. Si tienes una propiedad que no está generando dinero, probablemente es momento de dejarla ir…a menos de que tengas indicadores absolutos de que podrás darle la vuelta rápidamente. Algunos inversores en bienes raíces se quedan atrapados en la idea de que quizás el flujo de dinero negativo de las propiedades va a cambiar en el futuro o no pueden dejar ir el vínculo emocional que tienen con esas propiedades. Necesitamos recordar que una de las razones principales por las que las personas invierten en propiedades de alquiler es para hacer dinero. Si tienes una propiedad que no está generando dinero, probablemente es tiempo de venderla y usar ese dinero para invertir en algo más rentable.

3) **Un mercado fuerte de ventas.** Si tienes un mercado que tiene un bajo inventario de propiedades de alquiler en tu área una tasa hipotecaria baja para los compradores, es buen momento para considerar la posibilidad de vender tu propiedad. Todos sabemos que la economía de bienes raíces (y la economía en general) es cíclica y te serviría vender tu propiedad cuando los factores están a tu favor.

4) **La propiedad ya no encaja con tus planes.** Quizás estás cerca a jubilarte. Quizás tengas problemas de salud. Quizás estás cansado de toda la atención que requieren tus propiedades de alquiler.

Poseer propiedades de alquiler puede ser muy rentable pero nadie dice que venga sin trabajo. Si la propiedad ya no encaja con tus planes, quizás es momento de cobrar tus fichas.

5) Estás en una Buena situación con los impuestos de ganancia de capital. Si no estás seguro de si estás en una Buena situación con respecto a los impuestos de ganancias de capital, debes consultar con tu consejero financiero. Si eres capaz de vender tu propiedad sin muchos impuestos de ganancias de capital, estás en una buena posición para vender.

Cinco Estrategias de Salida Cruciales para Tus Inversiones en Bienes Inmuebles

¿Qué es una estrategia de salida? Puedes preguntar. Simplemente, es un plan de inversión de un propietario para removerse a sí mismo de la inversión. Muchos inversores en bienes raíces exitosos tiene un plan de salida específico cuando comienzan con una inversión. Otros esperan entrar a la inversión y ver cómo les va, y luego desarrollan sus planes de salida. De cualquier manera, es importante desarrollar algún tipo de plan de salida temprano en el proceso, para que puedas determinar rápidamente cuándo salir de la inversión. Los inversores que no tienen planes de salida, usualmente mantendrán la propiedad por mucho tiempo, costándoles posiblemente miles de dólares (algunas veces decenas o cientos de miles de dólares).

Los inversores salen de propiedades por varias razones. Quizás el tiempo es el correcto para tener una ganancia máxima sobre la propiedad. Quizás quieren salir de la propiedad y usar las ganancias para comprar propiedades o inversiones de más alto nivel. Quizás el inversor ha determinado que las inversiones en bienes raíces no son para él. Quizás el inversor se está jubilando o tiene problemas de salud o una familia, o una emergencia financiera.

Aquí hay cinco estrategias de salida principales para inversores en bienes raíces:

1)	**Restaura y vende.** Aunque esta estrategia no tiene nada que ver con propiedades de alquiler, merece ser mencionada como una estrategia de salida de bienes raíces debido a la popularidad de la restauración y reventa, en la cual los inversores compran propiedades, trabajan rápidamente para mejorarlas y luego las venden con una ganancia.

2)	**Compra y mantén.** Esta estrategia tiene todo que ver con inversiones en propiedades de alquiler, ya que los compradores compran una propiedad, algunas veces la renuevan, otras veces no, y luego prestan la propiedad a arrendatarios con la idea de tener un flujo de dinero estable por la propiedad mientras construyen pertenencia sobre la misma. Afortunadamente para el inversor, la propiedad se va a apreciar en valor al mismo tiempo que crea un flujo de dinero estable y luego el comprador puede vender la propiedad en el momento apropiado y obtener una buena ganancia.

3)	**Venta al mayor.** Esto es cuando alguien actúa como un intermediario en la compra de una propiedad. Compran la propiedad sin intención de ocuparla o rehabilitarla y luego se voltean y la venden al comprador final con una ganancia. Esta estrategia es un poco similar a la estrategia de restaurar y vender, sin embargo, el vendedor no pone ningún esfuerzo en el proyecto (sin rehabilitación ni renovación). A diferencia de las restauraciones, que pueden generar ganancias inmensas si se hace correctamente, las ventas al mayor generalmente generan márgenes de ganancia menores.

4)	**Financiamiento de vendedor.** Con esta estrategia, el vendedor actúa como un banco. En esencia, el vendedor financia la compra de la propiedad, con el vendedor y el comprador teniendo una nota promisoria que incluya la tasa de interés y la agenda de pagos acordadas. Desde el punto de vista del vendedor, puede continuar generando ingresos por la propiedad para cubrir el préstamo hipotecario y su retorno sobre la inversión también incremente debido a la tasa de interés.

5) **Renta con derecho a compra.** Con esta estrategia, el dueño de la propiedad renta la propiedad de inversión a un inquilino, y luego de un período de tiempo predeterminado, el inquilino podrá comprar la propiedad. En algunos casos en un acuerdo de renta con derecho a compra, una porción del pago mensual de renta se separa para la compra de la vivienda. Este tipo de acuerdos le permite al vendedor continuar generando ingresos por la propiedad, y luego si el inquilino o comprador potencial se va de la propiedad por cualquier razón, el vendedor aún ha podido establecer pertenencia sobre la propiedad.
Se debe destacar que hay numerosos factores que determinarán si un inversor debe salir de una propiedad. Las metas a largo plazo versus las metas a corto plazo, a menudo son un factor. El precio de compra de la propiedad, valor de la propiedad y condición de la propiedad también pueden ser factores. Demanda y oferta, potencial de ganancia, condiciones del mercado y opciones de financiamiento también serán factores.

Incluso si un inversor tiene un plan de salida al principio de la compra de una propiedad, esos planes pueden descarrilarse por muchos factores. Si la propiedad se deprecia, el inversor puede querer dejarla antes de lo esperado o esperar hasta que la propiedad se aprecie de nuevo. Los problemas con inquilinos pueden hacer más difícil o atrasar la venta de una propiedad. Lo mismo pasa con costos mayores inesperados de mantenimiento. Mala administración de la propiedad puede tener un impacto mayor en la rentabilidad de una propiedad y en cuándo será vendida. Y, finalmente, una falta de demanda puede afectar la estrategia existente para una propiedad. No puedes vender una propiedad si no hay demanda.

Conclusión

Bueno, si leíste hasta aquí, ahora debes saber mucho más que cuando comenzaste acerca de las oportunidades que están disponibles para ti en las rentas de bienes inmuebles. Debes tener un mejor entendimiento de lo que las inversiones en bienes raíces para alquiler pueden hacer para ti y cómo puedes hacer dinero a partir de esas inversiones. Sabrás que, si puedes prestar atención a todas las áreas y responsabilidades de las inversiones de propiedades de bienes inmuebles para la renta, tienes la oportunidad de generar dinero, algunas veces mucho dinero. También sabes que, si descuidas cualquiera de las áreas, inhibirás tus oportunidades de éxito y posiblemente incluso fracasarás.

Sabes cómo evaluar propiedades para posibles inversiones y también sabes cómo evaluar los vecindarios o áreas en donde están esas propiedades. Sabes todo acerca de la regla del 1% y la fórmula para asegurarte de que las propiedades en las que estás invirtiendo son viables. Como muchos de ustedes son inversores principiantes, van a tener que determinar formas de financiar su primera propiedad, a menudo sin mucho dinero disponibles. Te contamos sobre el hackeo de casas, una gran forma de comenzar en el negocio de bienes raíces para la renta. También te dimos otras ideas de cómo obtener propiedades sin dinero inicial y otras técnicas para ahorrar dinero que puedes usar para el pago inicial de tu propiedad.

Tocamos brevemente el tema de inversiones en bienes raíces comerciales para alquiler, que generalmente es para inversores que suben en la cadena alimenticia de novatos hasta expertos. Te dijimos como "construir" y desarrollar un equipo de bienes raíces para asegurar tu éxito como inversor y te dijimos a quiénes incluir en ese equipo.

Rehabilitar propiedades es extremadamente importante con la

mayoría de las propiedades de clase C y con algunas de clase B. Te dimos una guía paso a paso de cómo rehabilitar propiedades. De la misma forma, ahora sabes qué tipo de proyectos de rehabilitación son más importantes para las propiedades de alquiler. Y también sabes algunos proyectos simples y económicos que puedes hacer para incrementar de inmediato el valor de la propiedad.

Como propietario, tendrás que decidir cómo quieres administrar tu propiedad. ¿Quieres usar el enfoque de estar involucrado, el mixto o el de delegar? Sin importar el enfoque que escojas, tendrás que hacer todo lo posible para encontrar buenos inquilinos para tu propiedad. Los buenos inquilinos pueden ser la vida de cualquier inversión en propiedades de renta; los malos inquilinos pueden quebrarte.

Como la mayoría de las personas comienzan en bienes raíces para hacer dinero, encontrarás que te servirá tener un plan de salida para las propiedades en las que inviertes. "Saber cuándo dejarlos", como diría Kenny Rogers. Hemos mencionado las razones principales por las que las personas salen de propiedades, y también las estrategias que usan para salir de ellas.

En conclusión, poseer propiedades de renta de bienes raíces puede ser muy lucrativo financieramente, si te puedes enfocar en todas las diferentes áreas del negocio. Si puedes investigar para encontrar buenas propiedades a buenos precios, si puedes encontrar buenos inquilinos y cuidarlos, si puedes administrar bien las propiedades, tendrás una gran oportunidad de ser exitoso. Habiendo dicho eso, poseer propiedades de alquiler no es un hobby. No es dinero fácil; tendrás que prestar atención a los detalles si vas a tener éxito. Pero si utilizas muchos de los consejos y técnicas ofrecidas en este libro, es probable que seas exitoso y que estés en el camino a la libertad financiera.

Dicho eso, te dejamos con estas palabras: ¡Deseándote éxito. Vayamos por ello!

www.ingramcontent.com/pod-product-compliance
Lightning Source LLC
Chambersburg PA
CBHW031105080526
44587CB00011B/836